中公文庫

敗れても　敗れても

東大野球部「百年」の奮戦

門田隆将

中央公論新社

はじめに

もともと彼我《ひが》の間に大きな力量差があったとき、創意と工夫、そして努力によって、その「差」は克服できるものなのだろうか。

勉学の世界、芸術の世界、スポーツの世界……私たちの前には、そんな命題を試すことができるさまざまなジャンルがある。

スポーツの世界では、才能豊かなものが精進し、努力を重ねて実力を上げ、栄冠に輝くのが常識となっている。アスリートの不屈の闘志と執念に人々は感動し、積み重ねてきた努力に頭《こうべ》を垂れるのである。

しかし、スポーツの世界にも、多くの競技がある。百メートルを十秒台で走る才能あふれたアスリートに、十三秒台の力しかない選手がいくら努力と鍛錬をくり返しても、勝つことは難しいだろう。

だが、これが団体競技となると様相が変わってくる。個々の力がたとえ劣っていても、チームとして個の力を結集させれば、強大な敵を倒すことも可能になる。

平成二十七年九月、イングランドで開かれたラグビー・ワールドカップで日本が世界最高勝率を誇る優勝候補・南アフリカに三四対三二で逆転勝ちしたときもそうである。人々はこれを〝世紀の番狂わせ〟と呼んだ。

リオデジャネイロ五輪の男子四百メートルリレーで、個の力では完全に劣る日本が、九秒台の選手が並ぶアメリカやカナダを打ち破って堂々、銀メダルを獲得したことに世界は驚嘆した。

また、平昌五輪スケートの女子パシュートで、最強王者オランダを退け、オリンピック記録を出して金メダルを獲得した日本チームは、これまた世界のスケートファンの賛辞を浴びた。

その意外な結果までの過程、すなわち、そこに至るまでの努力と工夫、そして競技者の執念に人々は感動し、讃えるのである。

では、野球というスポーツはどうだろうか。

投げ、打ち、走る——ボールとバットとグラブ。これさえあれば、最低九人ずつで成り立つスポーツである。日本では、長年、人気の最先端を走ってきた。

盗塁や敬遠、エンドランやスクイズといった独特のルールがある野球は、まさに創意と工夫が重要な要素となるスポーツと言える。

毎年、春と夏に日本中を熱狂させる高校野球の甲子園大会では、必ずしも優勝候補の最右翼が優勝するわけではない。時には、予想もしなかった公立高校が栄冠を勝ち取ることもあれば、初出場のダークホースがあれよあれよという間に、優勝旗をかっさらっていく場合もある。

野球には、〝運〟や〝流れ〟といったものが時に予想外の結果をもたらすことを、長年のファンは知っている。

そんな学生野球の頂点に立っているのが、ご存じ、東京六大学リーグである。

甲子園球児をはじめ、腕におぼえのある全国の野球エリートたちが集まり、躍動するリーグが東京六大学だ。その中に、一度も優勝を成し遂げたことがない不思議なチームがある。

東京大学野球部。平成三十一年には、「創部百年」を迎える伝統の野球部である。

入学試験が難関であるために、この野球部は、ほかの五大学に比べて大きなハンディがある。甲子園に出場したような野球エリートが「入って来られない」のである。

必然的に東大野球部は、ほかの五大学とは、もともとの力量が圧倒的に劣っており、仮に勝利を得るとしても、それは創意と工夫、そして努力によって「実力差」を克服しなければならないという「宿命」を背負っている。

言いかえれば、東大野球部を考察することは、野球というスポーツの「本質」を問いかけるものでもある。

東京六大学リーグが始まって以来の東京大学野球部の全成績は、通算二百五十三勝千六百十八敗、引き分け五十五。勝率は、一割三分五厘（いずれも平成二十九年秋季リーグ終了時点）。

読者の皆さんは、この数字をどう捉えるだろうか。

連敗記録は数知れず、平成二十二年十月から平成二十七年五月に至るまでに〝前人未踏〟の九十四連敗を記録し、これを脱したときには全テレビ局がスポーツニュースのトップで報じたほどである。

敗れても敗れても、それでも挑戦をやめない一風変わった集団——それが東大野球部なのだ。

私がこの部に興味を抱いたのは、ある人物の存在による。

島田叡《あきら》。太平洋戦争末期、青酸カリと日本刀、そして『葉隠《はがくれ》』と『南洲翁《なんしゅうおう》遺訓』という二冊の本を持って知事として沖縄に赴《おもむ》いた内務官僚である。

島田は学生時代、東京帝大野球部で俊足巧打の外野手として鳴らした名選手だった。野球部のために高等文官試験の受験を一年棒に振るという自己犠牲を示した人物でもある。

そして、わずか四十三歳で閉じた人生の最期にも、さまざまな場面で、勇気と優しさと心意気を示した。

日本が戦争に敗れることを知っていても、それでも自らの職責に忠実で、住民のために死力を尽くす。それが、今も沖縄の人々に「島守《しまもり》」として島田が慕われつづける理由である。

私は、昭和二十年六月、沖縄・摩文仁《まぶに》の丘で消息を絶ち、今も遺骨すら見つからない壮烈な死を遂げた島田叡が同部のOBであることについて長い間、考えていた。

昔も今も、想像を超えた「力の差」がありながら、そして、負けても負けても、それでも立ち向かっていく「勝負の世界」のありようは変わらない。そこで培った〝何か〟が、その人の人生をまるで違ったものに変えてしまうこともあるだろう。

本書は、島田の足跡を追う間に、なぜか東大野球部そのものを描くようになるという奇妙な道を辿った読み物である。

東京六大学リーグは、野球界の中で唯一、「天皇杯」が下賜《かし》されている。それは、同リーグが伝統と真剣さに裏打ちされた最高の「勝負の世界」にあるという誇りの証《あかし》でもある。

なぜ、こうまで負けつづけるのか。

勝てなくてもいいのか。

その名門リーグで、東大の試合を観戦しながら、そんなことを考えたのは一度や二度ではない。しかし、それでも東大野球部は挑戦する。

なぜ島田叡のような人物をこの部は育んだのか。力が劣りながら、それでも挫《くじ》けず、挑戦し続ける〝何か〟に、その秘密があるのかもしれない。

東大野球部は平成二十九年十月、好投手宮台康平を擁して、十五年ぶりの勝ち点を法政大学から挙げた。スタンドには、涙を流すファンが続出した。なぜ東大の勝ち点とは、こうまで感動を呼ぶものなのだろうか。

東大野球部という謎を秘めた集団を解明する試みに挑戦した本書が、野球というスポーツの「本質」と、ひとつの目標に向かってひた走ることの「価値」を思い出させるきっかけになってくれるとしたら、これほど嬉しいことはない。

筆者

目次

敗れても　敗れても

東大野球部「百年」の奮戦

注

①幅広い読者を想定して、読みやすさを優先した表記を用いた。引用文の表記については、明らかな誤植は修正したほか、旧字旧仮名を新字新仮名に直したり、改行を補ったりした箇所がある。

②カウントは古くからの日本の言い方にのっとり、ストライク・ボールの順に記載統一した。

第一章　沖縄に散った英雄

「戦場の知事」島田叡

野球の聖地に建てられた碑

平成二十七年六月二十六日午前十一時前。まだ午前中だというのに気温はぐんぐん上昇し、すでに摂氏三十度を突破していた。

沖縄特有の抜けるような濃いブルーの空の下、沖縄野球の聖地とも言える那覇市奥武山《おうのやま》公園に、胸に赤いリボンをつけた男たちが集まっていた。翁《お》長《なが》雄《たけ》志《し》沖縄県知事、喜納《きな》昌春県議会議長、兵庫県の井戸敏三知事、石川憲幸県議会議長、さらには神戸市長の久元喜造らが駆けつけていた。両県の野球関係者も続々と詰めかけている。

第二十七代沖縄県知事 島田叡顕彰碑除幕式である。

二年前から沖縄県の野球関係者を中心として、「島田叡氏事跡顕彰期成会」が広く寄付を呼びかけ、予想を上まわる三万人もの署名と、一千万円近い寄付が集まり、顕彰碑の除幕式にこぎつけたのである。

七十年前（昭和二十年）の六月、最後の沖縄県の官選知事・島田叡は、信頼する沖縄県警察部長（現在の沖縄県警本部長に相当）の荒井退造《たいぞう》とともに、摩文仁の激戦地で消息を絶った。

二人は、数々の苦難を克服して台湾や沖縄北部への沖縄県民の疎開を推し進め、二十万人におよぶ県民の命を救った。

御影石に「島田叡氏顕彰碑」と白く彫《ほ》り抜かれた柱の奥に、大きな白い幕がかけられた〝何か〟がある。

午前十一時、式典は黙禱《もくとう》から始まった。参列者はおよそ四百人。太陽の直射を避けて、大半が巨大なテントの中にいる。

その横にも大きな白いテントが建てられ、高校生の男女が百人以上、式典を見守っていた。

開会の辞に続いて、高校生たちの中から那覇高校合唱部が立ちあがった。「島守のかみ」（島守の塔讃歌）の合唱である。

ふるさとの　いやはて見んと　摩文仁山の
巌《いわお》に立ちし　島守のかみ
ふるさとの　島守のかみ

島田知事を筆頭に、沖縄戦で命を落とした県職員四百六十九名の霊を慰めるために昭和二十六年にできた歌である。摩文仁の丘に県民を中心とした浄財の寄付により「島守の塔」が建立されたときにつくられたものだ。

心が洗われるような女子生徒たちによる合唱が青空に吸い込まれていく。やがて、式典は除幕に移った。

参列者が見守る中、両県の知事ら六人の手によって、白い幕は拍手の中で取り払われた。琉球石灰岩でできた三角形の白い台座の上にオブジェがある。周囲を鮮やかに映し出すステンレスの球体だ。

高さは三メートルほどだろうか。球体は、「魂」と「和」をイメージしたものだそうだ。島田叡顕彰碑が、文字どおり、ヴェールを脱いだのである。

顕彰碑の碑文が朗読される。朗読するのは、島田叡氏事跡顕彰期成会の名嘉山《なかやま》興武副会長である。

参列者が目を瞑《つむ》って聴き入った。

「建立の詞

一九四五年一月、島田叡氏は、風雲急を告げる沖縄に、大阪府内政部長から第二十七代県知事として赴任しました。その頃、沖縄は、前年の〝十・十空襲〟の被災につづき、住民を巻き込んだ国内唯一の地上戦が始まろうとする直前でした。

それは死を賭した決断の着任でした。以来、五ヵ月に及ぶ苦難な戦火の沖縄で県政を先導し、献身的にしかも県民の立場で疎開業務や食糧確保につとめ、多くの県民の命を救いました。

最後の官選知事・島田叡は、沖縄戦で覚悟の最期を遂げ、摩文仁の『島守の塔』に荒井退造警察部長をはじめとする旧県庁殉職職員（四百六十九柱）とともに祀《まつ》られています。沖縄県民からいまも『沖縄の島守』として慕われている所以です。

享年四十三、兵庫県神戸市須磨区出身」

名嘉山はここでひと呼吸置くと、野球選手としての島田について綴った碑文の部分を、つづけて朗読した。

「島田叡は、高校、大学野球でフェアプレーに徹した名選手でもありました。野球をこよなく愛し、すべてに全力を傾けるそのスポーツ精神は、県政の運営にも通底し、つながったと思われます。一九六四年に、故郷・兵庫県の『島田叡氏事跡顕彰会』から沖縄へ『島田杯』が贈られました。そのことが（沖縄の）高校球児に甲子園への夢を育み、大きな励みになりました……」

島田がきっかけになって結ばれた沖縄県と兵庫県の絆は、沖縄の本土復帰のはるか以前から始まり、大きな果実を結んでいたのである。

顕彰碑の朗読が終わると、島田の出身地・神戸からはるばる駆けつけた井戸兵庫県知事も挨拶に立った。

「島田さんの没後七十年の今年、あらためて最期まで沖縄県民を守ろうとした島田さんの生きざまを学び、次世代へと語り継がなければならない責任を痛切に感じております」

井戸はそう静かに語り終えると、自作の歌を披露した。

島守の　形見《かたみ》に誰もが　涙せん
崇《あが》める気持ち　赤裸に　出でん

このあと那覇高校吹奏楽部と野球部員が島田の母校・旧制神戸二中（現在の兵庫県立兵庫高校）の校歌と、甲子園の大会歌「栄冠は君に輝く」を演奏、合唱した。那覇高校は沖縄の旧制二中にあたる。その縁で、この大役を授《さず》かったのである。

栄冠は君に輝く――島田の死の三年後、昭和二十三年の学制改革に伴って生まれた全国高等学校野球選手権大会の大会歌である。七十年を経た現在でも歌い継がれている野球人にとって最も心が昂《たか》ぶり、闘志が漲《みなぎ》る歌と言っていいだろう。

島田は、神戸二中から第三高等学校（現在の京都大学教養学部）に進み、その後、東京帝国大学を経て、内務省に入省した人物である。

生涯、野球を愛した島田に、これほど相応《ふさわ》しい歌はなかったに違いない。

東京帝大野球部と島田

島田は、東大野球部にとって忘れてはならない存在だ。

なぜなら、かつて東京帝大野球部が東京六大学の加盟校になれるかどうかの時期、島田は野球部に在籍しており、彼の活躍が間違いなく東大野球部の六大学加入に大きな影響を与えたからだ。

島田は明治三十四（一九〇一）年、神戸市の開業医の七人きょうだいの長男として生まれた。開業医といっても、父は元軍医である。

野球の盛んな兵庫県で、島田は幼いときから原っぱでボールを追いかける典型的な野球少年だった。彼が恵まれていたのは、生まれ故郷がそのまま「野球の本場」だったことだろう。

現在の夏の全国高等学校野球選手権大会、当時の全国中等学校優勝野球大会の第一回大会が豊中市で開かれたのは、島田が十四歳、神戸二中に在学中の大正四（一九一五）年のことである。

もちろん、今のような四千校近い学校が参加して厳しい予選を勝ち抜くシステムはまだない。全国の予選参加校は七十三校に過ぎなかった。東北、東京、東海、京津、関西、兵庫、山陽、山陰、四国、九州の十地区から代表が選ばれた。

神戸二中は、第一回の兵庫県大会を勝ち抜き、決勝では好敵手の関西学院中学を三対二と劇的な九回裏逆転サヨナラで破って、全国大会出場を果たしている。

大会では東京代表の早稲田実業と初戦で激突し、〇対二で敗れた。全国大会で勝利の凱《がい》歌《か》こそ上げることはできなかったものの、兵庫県屈指の野球強豪校として〝追われる立場〟となった神戸二中は、厳しい練習と試合に明け暮れることになる。

下級生だった島田は、大正六年から同中学のレギュラーの座を摑《つか》み、俊足巧打の外野手として信頼を勝ち取っていく。

最上級の五年時にはキャプテンを務め、同級生からは「島公」、下級生からは「叡《えい》さん」と慕われた。左バッターボックスに前かがみのクラウチングスタイルで立ち、右の肩越しに黒い鉄メガネの顔を向け、バットを絶え間なく水平に動かしてタイミングをとる独特のバッティングフォームは、長く語り草とされた。

神戸二中のチームメイトには、のちに明治大学の剛速球投手として名を馳《は》せる渡辺大陸がいた。プロ野球の大洋ホエールズや学習院大学でも監督を務めることになる渡辺を「剛」とすれば、島田は「柔」だった。

俊足を生かして主にリードオフマンをつとめ、相手投手にスキがあれば、果敢に盗塁を決めた。百メートルを十一秒で走る島田の走力はチームでも圧倒的で、相手捕手の肩次第では、あっという間に三塁まで陥れた。島田の出塁はイコール得点とみなされるほど、チームメイトの信頼を得ていたのである。

神戸二中時代は、陸上部の助っ人として短距離の大会にたびたび出場していたというから、もともと島田の走力が抜群だったことがわかる。

島田は肩の強さを生かして、渡辺が投げないときは投手としてマウンドに上がることもあった。まさにオールラウンドプレーヤーと言える。

渡辺、島田を擁しながら、当時の兵庫県の野球は全国最高レベルの水準にあり、神戸二中は島田のキャプテン時、ライバル校の関西学院中学や神戸一中との激闘の末に、全国大会出場を果たせなかった。

神戸二中から三高に進んだ島田の俊足は、やはりここでも群を抜いていた。三高時代に野球部の一年後輩だった評論家の中野好夫は、野球部に「叡《えい》さんのスベリ込み」という言葉があったことを述懐している。

敵の野手がどれだけボールをはじけば次の塁を盗《と》れるか。島田の勘はチームメイトから「神技」と呼ばれるほどのもので、後輩たちはこれを「叡さんのスベリ込み」と呼んでいたというのである。

そんな島田が、三高を経て東京帝国大学野球部に入部してきたのは、大正十一年のことである。

ここでも島田の野球センスは周囲を驚かせた。相手投手のクセを摑み、果敢に盗塁を試みる韋駄天《いだてん》ぶりは、東京帝大野球部に初めて「スピード野球」を持ち込むものだった。

先輩の説得で退部できず

島田は、東京帝大の法学部生として高等文官試験を目指していた。当時絶大な影響力を誇っていた内務省へ入るためである。

内務省は、外交、財政を除く国内のほとんどすべての行政を司《つかさど》っていたと言っていいだろう。内務官僚になれば、それだけで輝かしい将来が約束された。

当時の大学は三年制である。中等学校五年、高等学校は三年（大学予科は二年と三年があった）、大学が三年（医学部は四年）というのが高等教育を受ける学生たちの基本的な学制である。

勉学と野球、両方に打ち込んでいた島田は、大学二年のシーズンを終え、最上級の三年を前に「退部」を申し出ている。神戸二中、三高、東京帝大という都合十年におよぶ野球生活にピリオドを打ち、いよいよ高等文官試験に挑むためである。

すでに法学部の仲間たちは、島田に先がけて高等文官試験の準備に没頭していた。それまで体育会に所属していた者たちも、いずれも退部していた。

島田たち東京帝大の俊英をもってしても、高等文官試験突破とは、それほどの難関だった。

だが、卒部生をはじめ野球部関係者は、島田の退部届に衝撃を受けた。そして、必死で懇願した。

「頼む。君なしでは野球部は成り立たない。退部を思いとどまって欲しい」

噂を聞きつけた野球部の先輩たちは、島田にひざ詰め談判に及んでいる。

なぜか。

それを知るには、このとき東京帝大野球部が置かれていた微妙な立場について理解しなければならない。

この時期、東京の大学強豪チームの早稲田、慶應、明治、法政、立教が五大学リーグを構成していた。いずれもふたつの大学の対抗戦から始まった集合体で、それが「五大学」となり、もう一校をどこにするかの検討がつづいていたのである。

その有力候補のひとつが東京帝大だった。東京帝大の予科という位置づけでもある第一高等学校の野球部の歩みは、次章で詳述するように日本の野球そのものの歴史でもある。その部員たちが入ってくるのが東京帝大だ。資格においては、なんの不足もない。しかし、問題は「実力」である。

東京帝大にその実力と意欲がありや、なしや——。

大正十二年から十三年は、東京帝大野球部の試合には、力量を見極めるための目が常にあった。五大学リーグの中心は、早稲田の安部磯雄、飛田《とびた》穂洲《すいしゅう》、慶應の神吉《かみよし》英三、明治の内海弘蔵、法政の稲垣重徳、立教の太田清一郎らが担っていた。

ことに早稲田の飛田と、一高、東京帝大出身の内海が加盟に熱心だった。だが、ほかは、「それだけの実力があるのであれば……」という条件つきの賛意を表明するだけだった。

かくして、東京帝大野球部が五大学連盟への加入が認められるかどうかは、対外試合の結果が大きなウエートを占めることになったのである。

島田が最上級生となる大正十三年は、東京帝大野球部にとって、そんな重要な時期だったのだ。

「島田、頼む。おまえの力が必要なんだ」

「……」

島田自身も、野球部に自分の力が必要であることは十分わかっている。もとより島田は、子供の頃から野球に情熱のすべてをぶつけてきた〝野球の虫〟である。熱心な先輩たちの要請に心を動かされないはずはなかった。

しかし、野球を続けるということは、勉強時間の確保はもちろん「筆記」「論文」「口頭試問」という高等文官試験のスケジュールにも日程が重なり、そもそも両立が不可能だった。島田にとって、それは「受験を一年延ばす」ことを意味していた。

島田は熟考の末に、

「わかりました」

と首を縦に振った。この年の高等文官試験「突破」より、島田は「野球」を選択したのだ。

大正十三年のシーズンは、気を抜ける試合がひとつもない中、雑念を振り払ったトップバッター島田の攻守が、ますます冴《さ》えわたった。

なかでも島田の活躍が東京大学野球部史に特筆されたのは、大正十三年十月二十三日、京都の新京極球場でおこなわれた京都帝大との一戦においてである。

この年の京都帝大チームは七高から快速球の石関信助投手を迎え、「京都帝大史上最強」と謳われていた。朝鮮、満洲への遠征で強豪チームとの対戦をこなし、帰国後、当時、日本で最高の実力を誇っていると言われた大阪毎日野球団（大毎軍）とも、僅差《きんさ》でこそ敗れはしたものの互角の試合を演じていた。

その京都帝大と東京帝大の試合は、関西の野球ファンの話題を独占せずにはおかなかった。

新京極球場に満員の観客を迎え、試合はスタートする。

決着をつけた島田の「足」

試合は、京大石関、東大内田豊の両エースが持ち味を発揮し、相譲らなかった。初回、石関の立ち上がりを叩いた東大が一点を先行するも、その後は追加点はおろか、チャンスさえ摑めない。東大の技巧派内田も得意の変化球がコーナーに決まり、京大の強力打線に三塁を踏ませなかった。

しかし、勝利を目前にした内田が八回、やや球威が衰えたところを京大打線に突かれ、四球と安打で痛恨の一失点を喫した。

八回を終了して一対一。まさに東西を代表する帝大二校のがっぷり四つの試合となった。膠着《こうちゃく》状態のまま延長十回へもつれ込んだ試合に決着をつけたのは、一番島田の足だ。

二死一塁、ランナー島田。

京大の石関投手もさすがに疲労の色は隠せなかった。いよいよ島田の足の真価が問われるときが来たのである。

（二塁を盗る！）

島田の頭にはそのことしかなかった。自軍の内田の疲れ具合からみて、ここで無得点に終わればサヨナラ負けの可能性が高くなる。

二死からでも点を取るためには、自分の足しかない。島田はそう考えていた。

警戒する石関は、牽制球を一球、二球と投げてくる。しかし、島田は石関の牽制球のタイミングを、試合を通じてずっと測っていた。

（いける！）

島田が感じた瞬間、足は大地を蹴っていた。

「セーフ！」

イチかバチかの盗塁だった。京大の名遊撃手尾崎のタッチをかいくぐった島田は、悠然と二塁ベース上でユニフォームについたグラウンドの土を払っていた。

しかし、観客が驚いたのは次の瞬間だ。なんと島田が次の投球で、そのまま三盗を狙ったのである。

「あっ」

「セーフ！」

虚を突かれたバッテリーは、なす術《すべ》がなかった。わずか二球で島田に二盗、三盗を許してしまったのだ。

三塁ベース上で、またしても土を払う島田。相手にとってこれほど小憎らしい選手はいなかっただろう。

観客のどよめきはなかなか収まらなかった。

延長になれば、どんな些細なミスも命取りになる。相手にプレッシャーをかけるため、三塁にランナーが進んだ意味は大きかった。

神戸二中時代からレベルの高い野球の世界に身を置いてきた島田は、そのことを誰よりも熟知していた。

（なんとしても三塁まで）

二死一塁の段階で、島田にはサードを陥れるイメージができていたのである。

島田は、今度は本盗を試みようかという揺さぶりを、京大のエース石関にかけた。

石関は、三塁ランナーの島田から目線を切らずに打者に相対した。

（本盗など許してなるものか）

石関にも意地があった。しかし、リリースの瞬間にはランナーの島田から目線を切らなければならない。その瞬間に、島田は大胆なスタートを切るのである。

（なにっ）

だが、次の瞬間には、島田は帰塁している。揺さぶりの効果は大きかった。

二番打者はピッチャーの内田だ。島田の揺さぶりで、石関は内田に痛恨の四球を与えてしまう。

次のバッターは、東大の主砲、三番清水健太郎である。

連続四球は許されず、石関は真っ向勝負に出た。あるいはこの時点で、「勝負はあった」のかもしれない。

清水が強烈なショートゴロを放つと、名手尾崎のグラブがはじかれたのだ。

島田は悠々のホームイン。見事、決勝点を奪い取るのである。

延長戦に入っての「サードランナー」は、守備陣にはかり知れないプレッシャーを与えていた。まさに狙いどおりの結果を出したのである。

試合巧者ぶりを見せつけ、関西の雄・京都帝大を撃破した東京帝大野球部は、大いに名声を上げた。実力日本一の大毎軍と互角の戦いを演じた京都帝大を破ったのだから無理もない。

東大の連盟参加を策する飛田穂洲や内海弘蔵が、「よし、これで」と喜んだ。

かくして大正十四年、東京帝大は五大学連盟への加入が認められ、ここに東京六大学野球リーグが発足。島田は、後輩たちに大きな財産を残して卒部していく。

島田が高等文官試験に合格するのは翌年のことで、まず下級官吏として務めをスタートさせ、働きながら試験に合格するというまわり道をしている。それは前述のごとく、すべて「野球部のため」であった。

島田に関する記述が、『東京大学野球部史』（昭和五十年十一月発行）の中にある。〈島田氏のこと〉と題された項目には、こんなことが書かれている。

> 島田は神戸二中（現在の兵庫高校）卒、三高に入り、その駿足と好打好守は常に三高の野球部の中心として活躍する他、彼の真面目な性格は常に同輩の尊敬を集めていた。東大に入学するや、当時漸《ようや》く草創期にあった東大の為全力を傾倒した。

> 彼の試合に臨むファイトは常に他選手の牽引力となっていた。東大三年目には退部して行政官試験を受けたいとの強い希望があったが、先輩の懇請を入れて部に残り、之が為大正14年春卒業後は山梨県の属官として行政官のスタートをするという洵《まこと》に気の毒な状態であった。
>
> 然《しか》し乍《なが》ら直ちに高文試験をうけて合格し、漸く本来の途《みち》に進んだが、明かに一年遅れであった。然し乍ら彼の明敏な頭脳と卓抜した人格はたちまち、スタートの不利を克服して、内務畑に重きをなし、昭和20年大東亜戦争末期沖縄県知事に任命された時敢然として之に赴いたのである。

「死」を恐れなかった男

野球部史に記されているとおり、島田のまじめで誠実な人柄は、今も沖縄で語り継がれる「戦場の知事」「島守」としての数々のエピソードを生んだ。

太平洋戦争末期、内務省の警察畑を歩んでいた島田は、齢四十となり、大阪府の内政部長という要職に就いていた。

しかし、昭和十九年七月にサイパン島が玉砕し、大本営が「本土防衛」のために不可欠のラインとしていた絶対国防圏を突破された。これによって日本本土が米空軍の空襲下に置かれるという窮地に追い込まれたのである。

戦争を遂行していた東条英機内閣もついに退陣し、小磯国昭内閣に引き継がれた。もはや戦争の大勢を覆すことは困難で、政府内は米軍に一度大きな打撃を与えてから講和に持ち込む「一撃講和」の方針に傾いていた。

大阪府の実質ナンバー・ツーである内政部長の島田は、学童疎開や防火体制の強化など、近づく空襲への対策に奔走する毎日を送っていた。

島田が大阪府知事・池田清に呼び出されたのは、昭和二十年一月十一日朝のことである。隣家の知事公舎から突然電話が来たのだ。島田がすぐに出向くと、池田はすでに背広姿で応接室に座っていた。

池田は内務省では島田の十二期も先輩にあたり、すでに警視総監も経験していた。戦後は故郷鹿児島から衆議院議員にもなる大物内務官僚である。

「まあ、座りたまえ」

丸眼鏡をかけ、鼻の下に口ひげを蓄えた池田は、島田に席を勧めると、こう切り出した。

「島田君、君に本省から知事就任の要請が来ている」

当時は、各都道府県の知事職は住民による選挙ではなく、内務省人事によっておこなわれていた。いわゆる「官選」である。内務官僚である以上、知事になることは、ひとつの目標である。知事就任要請が嬉しくないはずはなかった。

「はい」

島田は、そう返事した。池田は島田の背筋が伸びたことを確認すると、こう言葉をつづけた。

「それが、沖縄県なんだよ……。君に沖縄県の知事になって欲しいと言うんだ」

池田は、島田の表情を見ながら、そう告げた。

沖縄県――。それは、ほかの都道府県とはまったく違う意味を持つ名前だった。

東シナ海に浮かぶ島々から成る沖縄県には、刻々と米軍の攻撃が迫っていることを、もちろん島田は知っている。

三ヵ月前の十月十日、猛烈な米軍機による空襲が加えられ、那覇市が灰燼《かいじん》に帰《き》したことを島田は報道だけでなく、内務省ルートの情報からも、つぶさに承知していた。

「……」

知事として赴任することが、そのまま「死」を意味することを島田は瞬時に悟った。もちろん、本省からの要請を伝達する役目を負った池田知事にも、そのことは十分わかっている。

沈黙は、どのくらい続いただろうか。

「わかりました。お受けします」

島田は、なにごともなかったような表情で、そう答えた。

(えっ)

驚いたのは、池田である。本省からの要請があったとしても、辞退する手もある。少なくとも即答ではなく、家族とじっくり相談したうえで回答すべきだと思っていた。

そのために役所で伝えるのではなく、出勤前に話をして、家族との話し合いの時間を与えるつもりだった。池田のほうが動揺を隠しながら、こう持ちかけた。

「島田君。ご家族と相談してはどうだろうか。まず奥さんと話し合ってくれ。君には年老いたご母堂もおられる。それからでも返事は遅くないではないか」

それは、上司としての思いやりだったのだろう。

しかし、島田の返答は予想外のものだった。そして池田の心を震わせるのに十分なものだった。

「知事。私が断われば、誰かが代わりに行くことになります。それはできません。私が行かなければなりません」

島田はそう言い切った。

ほかの人に〝死にに行く仕事〟を任せるわけにはいかない――池田には、島田がそう言っているように聞こえた。死を「覚悟している」ということではない。島田は、自分が「死にに行く」と心に決めたのだ。

日頃の仕事ぶりから、池田はこの頼もしい部下の心意気を知っていた。子供の頃から打ち込んだ野球を通じて培ったものか、自分に与えられた職務を守り抜く信念と責任感に満ちていた。少なくとも島田が「死」を恐れない男であることに、池田は心を打たれた。

家族の述懐に、知事公邸から帰ってきた島田のようすが残されている。

美喜子夫人と二人のお嬢さんが待つ家に戻った島田は、にこにこと笑っていたという。

「沖縄県の知事への内命があったよ」

家庭で一度も声を荒げたことのない夫は、いつもの柔和な表情でそう言った。驚いたのは美喜子である。一瞬、美喜子は、全身の血が退《ひ》いていくのを感じた。

「それでお受けになったのですか」

「もちろん受けてきたよ」

平然と答える夫に、美喜子はわれを忘れて、

「私たちはどうなるのですか！」

思わず、そう叫んだそうである。沖縄への赴任は「死」を意味している。残される私た

ちは、いったいどうなるのかと。

前出の評論家の中野好夫は、このときのようすを夫人から聞き、昭和三十一年発行の文藝春秋別冊に「最後の沖縄縣知事　人間・島田叡氏の追憶」と題して、こんな一文を寄せている。

> 私たちなんにも悪いこともしないのに、沖縄にやられるなんて、そんな内務省なら、いっそやめてしまいましょう、とも歎《なげ》いたそうだ。いわれない女のグチだなどと思ってはいけない。人間の自然だと私は思う。自然なるが故に美しいとさえ思う。作り上げられた烈婦傳《れっぷでん》などは眞平《まっぴら》御免だからである。
>
> だが、叡さんは答えたそうである。どうしても誰か行かなければならないとすれば、云われた俺が断る手はないではないか、と。また、これが若いものならば、赤紙一枚で、否応なしに行かなければならないのではないか。それを俺が固辞できる自由をいいことに断ったとなれば、俺はもう卑怯者として外も歩けなくなる、とも云ったという。
>
> （別冊文藝春秋第50號記念特集）

それは、家族の思いも振り切った、覚悟のうえでの赴任だったのである。

かたちづくられる死生観

島田を語る際、野球とともに「禅」、あるいは『葉隠』と『南洲翁遺訓』を挙げる人がいる。

島田は内務省に入省後、佐賀県警察部長をはじめ上海領事館警察部長、千葉県内政部長、愛知県警察部長、大阪府内政部長などの要職を務めている。

警察部長とは、現在の県警本部長のことである。つまり、その県の警察のトップだ。これらの警察人生の中でも、島田に最も印象深かったのは、一番最初に警察部長として赴任し、二年間を過ごした佐賀県である。この時期、島田はあるお寺に通っている。

佐賀市の中心部に県庁や県警をはじめとする官庁が入る佐賀城公園がある。周囲が堀に囲まれ、落ちついた佇《たたず》まいは、佐賀市民の憩《いこ》いの場ともなっている。

その西側の堀を渡った場所に、曹洞宗の「龍泰寺《りゅうたいじ》」がある。佐賀城を建てた戦国大名・龍造寺《りゅうぞうじ》隆信が創建し、その名のとおり、龍造寺氏の安泰を祈願した名刹《めいさつ》である。

島田が佐賀に赴任したのは、支那事変勃発の翌年、昭和十三年のことである。まだ三十七歳の若さだった。

島田は、ここで龍泰寺の住職・佐々木雄堂と運命的な出会いを果たしている。

佐々木は当時、禅の心、人生の生き方を考える「西濠《さいごう》書院」という勉強会を開いていた。島田は、赴任してすぐ佐々木と西濠書院の存在を聞きつけ、着任した翌週には佐々木を訪ねている。昭和十三年一月末の寒い夜のことだった。

佐賀県警察部長といっても、島田はやっと三十半ばを超え、「青年」といってもおかしくない風体《ふうてい》である。島田は講義を終えたばかりの佐々木に居ずまいを正して挨拶し、

「今夜、講義された南洲遺訓をふすまの外で聴講させていただきました」

と語り始めた。

「私は、中学校時代から大西郷先生を敬慕しておりました。さまざまな文献も読んでまいりました。しかし、佐々木先生のご講義ほど、心に染《し》み入ったものはありません。若輩ですが、どうか、この土曜の講席に加えていただきたく思います」

島田は警察部長という佐賀県の要職にある。しかし、市井の人々とともに、佐々木の勉強会に参加したい旨を懇請したのである。

もとより、佐々木は青少年、あるいは学生たちの精神教育のための講話を無償で開いている。熱心で、志ある聴講者は大歓迎である。西郷隆盛（南洲）に心酔しているというのなら、なおのことだ。

「もちろん結構です。しかし、お仕事がお仕事ですから、無理をせず、来られるときだけで結構ですから、いらっしゃってください」

明治三十年生まれで島田より四歳年長の佐々木住職は、弟に語りかけるように伝えた。

以後、佐々木と島田は、「老師」「島田さん」と呼び合う師弟関係となる。

だが、それからの島田の熱心さには、師である佐々木が舌を巻くことになる。

島田の忙しさは佐々木も承知している。島田は、やむなく土曜夜に開かれる西濠書院の講話を欠席しなければならないときは、翌朝早く、必ず欠席のお詫びを兼ねて訪ねて来るのである。自然、話は前夜の講話のことにおよぶ。

身を乗り出して熱心に聴く島田。佐々木はつい熱が入って、前夜の講話以上にさまざまなことを島田に話すのである。

話を聴く島田の表情は、感激に満ちていた。佐々木には、島田が幼い頃から知的好奇心が人一倍強かったことが、よくわかった。そして、西郷隆盛をはじめ、島田がいかに多くの書物を読み込んできたかを知った。

心の内に抱いていた島田の疑問が氷解していくようすが、佐々木には見てとれたのである。

佐々木が講じているのは、単なる知識ではない。禅の修行を通じて、あるいは、西郷隆盛や、『葉隠』の作者・山本常朝《じょうちょう》らが書き残したものを通して、人間の生き方そのものを思考し、論ずるのである。

島田は自らの生き方、これからの道を考えるために、土曜の夜の西濠書院の受講の時間を最も大切にした。公務がある場合は、翌日曜日の朝に必ずやって来た。

やがて佐々木は、日曜日の島田への講話を夏は朝四時から、冬は朝五時からおこなうことにした。

それを告げたときの島田の「ありがとうございます！」という満面の笑みが佐々木には忘れられない。そして、そんな早朝にもかかわらず、島田は、必ずその指定の時間より早く龍泰寺に現われた。一刻も早く講話を聴きたいという島田のはやる思いが、佐々木に伝わってくるかのようだった。

「私はその道を求むる意志の強さには敬服させられた」

佐々木は、のちに島田のことをそう回想している。

痛棒《つうぼう》を喫《きっ》した講話

西濠書院では、夏と冬の休みに大きな催しがあった。

当時の論壇の雄、雑賀《さいが》鹿野を招いて、特別講座を開いていたのだ。雑賀は、「日本及日本人」の主筆でもあり、大正十四年、政教社から出版された『西郷南洲遺訓講話』が大ベストセラーとなり、西郷隆盛を中心とする明治維新史研究の最大権威となっていた人物である。

佐々木と親交を結んでいた雑賀は、夏と冬の龍泰寺での講座を楽しみにし、毎年、生き甲斐のごとく佐賀入りを果たしていた。

この雑賀の特別講義が来る日を待ち望んでいたのが島田だった。

雑賀による冬の講座に島田が出ていたときのことである。雑賀は南洲と弟子の桐野利秋とのやりとりについて講じていた。

私学校の講義を終えた南洲が席を立とうとしたとき、桐野が、

「先生、質問があります」

そう声を発した。直情径行で知られる桐野だが、根の正直さと師を慕う心では人には負けない。改名する前は中村半次郎を名乗り、〝人斬り半次郎〟とも呼ばれた剣の達人でもある。

「なんなりと」

ゆっくり座り直すと、南洲は桐野に顔を向けて、そう口を開いた。

私学校の生徒たちも、桐野の質問がどんなものなのかを聞きたくて、全員が座り直した。

「先生、〝えらい人〟とは、どんな人なのでしょうか」

桐野はそう問うた。実に明瞭な質問だった。南洲がどう答えるのか、生徒たちは固唾《かたず》を呑んだ。

「えらい人とは、大臣であるとか、大将であるとかの〝地位〟ではない」

南洲は、即座にそう答えた。そして、と言葉を接《つ》ぐと、こう続けた。

「財産の有無でもない。世間的な立身出世でもない。ひと言に尽くせば、あとから拝まれる人。すなわち、死後、慕われる人である」

南洲の言葉は、すべてを表わさない。本質だけをずばりと語り、あとは、それぞれの個人の思考に委ねるのである。このときもそうだった。

「では」

南洲は、それだけを言って、去っていった。

桐野や弟子たちは、南洲の言葉の余韻を全身で受け止めて、ぐっと思いをめぐらせている。沈黙がその場を支配した。

有名な西郷と桐野とのこのエピソードを雑賀は、「この一話、今夜、みなさん、よく味わっていただきたい」と、ぽんと特別講座に集まった皆の前に差し出した。

雑賀は、物欲や名誉欲というものが、いかに取るに足らないものかを「執着」という言葉を用いて論じた。

名声が欲しい、財産が欲しい、立派な地位が欲しい、などというのは、人間のおのれ可愛さの「執着」から来るものである。そんなものに囚《とら》われている人は〝えらい人〟ではない、と西郷は語っている。

人間の苦は、分別心《ふんべつしん》から生まれる。地位であり、財産であり、名声なるものが欲しいと分別判断をした途端に、自分でその判断に縛られ、囚われてしまう。それが「執着」である。これが、人間の「迷い」となり、苦しみの「原因」となるのである。

人間は、自分がつくり出したそういう「執着」に囚われているから苦しいのであって、そんなものを追い求めている人は〝えらい人〟ではないよ、と西郷は説いたというのである。

本当の〝えらい人〟とは、そういう欲につながる自我の迷いが一片もない、あけっぴろげの無の状態の人なんだよ、そして、そういう人は、自然に「死後、慕われますよ」と優しく西郷は桐野に語ったのである。

聴講者一同、雑賀の話をひと言も聞き洩らすまいと背筋を伸ばしていた。独特の空気が、西濠書院の空間を満たしていた。

特別講座が終わり、佐々木は龍泰寺の別室でお茶を出し、雑賀の疲れを癒した。

そのときである。ふすまの向こうから島田の声がした。

「島田です。お邪魔してもよろしいでしょうか」

聴講者たちが帰ったあとも、どうやら島田は席を動かず、座り続けていたらしい。

「ああ、島田さん。どうぞどうぞ、お入りなさい」

すぐに佐々木が声をかけた。

部屋に入ってきた島田は、頰を紅潮させていた。雑賀の講話がいかに素晴らしかったか、その表情が物語っている。

「雑賀先生。今夜はほんとうに痛棒を喫しました」

開口一番、島田はそう言った。

痛棒とは、座禅のときに師が心の定まらないものを打つ棒のことである。講話の中身に衝撃を受けたことを、島田はそう表現したのである。

「先生、私は中学時代から野球選手としてチヤホヤされていい気になり、大学卒業後は官吏となって部下から頭を下げられて、知らず知らず自惚《うぬぼ》れていたと思います。泡のような人気、煙のような権力の地位……今後、こうした臭味《くさみ》を一掃して、真の自己完成に精進いたしたいと思います」

佐々木は島田の言葉を聞いて、仰天した。

これまで知っているどの警察部長と比べても、いや、佐賀県庁のなかに、島田ほど謙虚で、自己に対して厳しい官僚を、佐々木はほかに知らなかったからだ。

その島田が、自分が「いかにこれまで自惚れていたか」を告白している。いや、あなたは違う、という言葉が佐々木の口から洩《も》れそうになった。

しかし、島田は、雑賀の目を見つめてこうつづけた。

「真の自己完成のために、私は、石川啄木の歌を座右の銘にしたいと考えております」

そう言うと、島田は啄木の歌を諳《そら》んじた。

　こころよく　我にはたらく　仕事あれ
　　それを仕遂《しと》げて
　　　死なむと思ふ

「雑賀先生。これを座右の銘として実践したいと私は決心いたしました。これでよろしいでしょうか」

雑賀は、啄木の歌を諳んじた島田のほうを黙って向いていた。ひと呼吸おいて、雑賀は慈父のような笑顔を浮かべると、

「それでよろしい。その一条の道を生涯、貫きなさい」

そう励ました。

島田の顔に、ほっとした安堵の色が浮かんだ。

そして、師である佐々木のほうに向きなおった島田は、こう問うた。

「老師。この答えをされた西郷先生ご自身の心境は、どのようなものだったのでしょうか」

いつもの西濠書院でのやりとりのようだった。

佐々木の口から、ひとつの歌が出てきた。

のちの世に　語り継がれず　祭られず
さらすかばねも
みやびなるらん

「この歌は、雑賀先生の恩師であり、『元禄快挙録』の著者でもあられる福本日南先生が歌われたものです。南洲先生のご心境は、まさにこれだったと思います」

佐々木は島田にそう返した。

このときの島田のようすを佐々木は後年、『沖縄の島守　島田叡――親しきものの追憶から』（島田叡氏事跡顕彰会、一九六四年）のなかでこう記している。

「老師わかりました」とニッコリされたお顔が今夜もひとみに浮かんでくる。

島田の死生観がかたちづくられていった過程、いや、その根源が窺えるエピソードである。沖縄県知事の内命を受けた島田が、なぜ端然《たんぜん》としてこれを受けることができたのか。その答えは、「龍泰寺」にあったのかもしれない。

佐々木は昭和二十年一月、福岡の板付《いたづけ》空港から沖縄に向かう島田より一通の手紙を受け取っている。そこには、こう書かれていた。

単身沖縄県知事として赴任する。手さげの中にはいただいた南洲翁遺訓と葉隠の二巻、このたびこそ身心をもって味わいます。

死地に赴く折、「このたびこそ身心をもって味わいます」と師に書き送った島田の心情は壮烈というほかない。そして、そこには「沖縄県知事」を受けた島田の心情が見事に現われていた。

食糧調達と疎開

沖縄に赴任した島田に県庁の職員は感激した。それは、まさに第一声から始まっていた。

「情勢は、非常に緊迫しております。これは、壁に向かって駿馬《しゅんめ》を駆り、そのまま突っ込んでいるようなものです。果たしてうまく壁のところで止まるか、それとも壁にそのままぶち当たって人馬ともに斃《たお》れるか。そういう真に緊迫した状態にあります。諸君も、そういう気持ちを忘れずにやっていただきたい」

壁のところで止まるか、それとも壁にそのままぶち当たって人馬ともに斃れるか——新しい若き知事は、なんとも不思議な譬《たと》えをする人物だった。だが、この人となら一緒にやれる。多くの職員にそんな勇気をもたらしたのは確かだった。

職員がそう思い、沖縄県民から今も島田が「島守」として慕われているのは、前任者、泉守紀《いずみしゅき》知事とのあまりに異なる姿勢が関係している。

　前任の泉は昭和十八年七月に知事として沖縄に赴任し、当初は熱心に職務に当たったが、戦況が悪化するにつれ、県の職員を呆れさせる行動を見せた。

　最大のものは、なんといっても昭和十九年十月十日の沖縄大空襲の折の行動だろう。

　この日、ウィリアム・ハルゼー率いる米・第三艦隊の第三十八任務部隊の延べ千四百機による沖縄大空襲が敢行された。

　この波状攻撃で落とされた爆弾は五百四十一トンにのぼり、最も被害が大きかった那覇市では、実に市内の九割が焼失し、死者は二百五十五名に及んだ。

　泉知事は、降り注ぐ米軍の爆弾の下、知事公舎の防空壕に籠《こも》りきりとなり、知事が率先して職員への陣頭指揮にあたる姿はついに見られなかった。

「次は米軍の上陸だ」

　まだ燃え続ける那覇市で乱れ飛んだのは、そんな流言だった。都市を焼き払ったあと、米軍が一気に上陸を敢行してくる——。

　大きな恐怖が住民の間を駆けめぐった。

　泉は、空襲直後の十月十日深夜には、早くも那覇からの県庁の移転を決断している。県内で地下壕が最も充実していた普天間の中頭《なかがみ》地区にある地方事務所への移転だった。

しかし、県の首脳が灰燼に帰した那覇市を捨て〝疎開〟するという行為は、県の職員たちにはかり知れない失望をもたらした。

「無念」

「県都の放棄は最後の最後におこなうことではないか」

「残念というほかない」

多くの職員たちが、このときの思いをこう述懐している。泉のせいで、「沖縄県を守る」という士気が職員から阻喪《そそう》していったのも無理からぬことだった。

米軍はいつ沖縄を突くのか――知事の泉をはじめ、県民の多くが恐怖に囚われていた。

泉は知事在任中に実に九度の県外出張をおこなっている。出張の日数は在任一年半のうちの百七十日余に及んだ。

昭和十九年十二月に自らに命じた出張によって、泉は二度と沖縄に帰ることはなかった。

そして、出張中に香川県知事を拝命しているのである。

大蔵省の幹部だった実兄を動かし、「むりやり香川県知事への転任を画策した」、あるいは、「豊富な政治家人脈を使って工作をおこなっていた」といった風評があるが、いずれも定かではない。たしかなのは、泉が「沖縄を捨てた」という事実である。

そして、泉の後任に白羽の矢が立ったのが島田叡だった。その島田は昭和二十年一月末、県庁職員を前にしておこなった前述の演説のあと、最初の命令を下している。

「分散している県の行政を、もとの庁舎に再統一する」

那覇市でかろうじて焼け残っていた県庁の知事室。そして、各行政窓口。それらをもう一度、立て直すことを島田は最初に宣言したのだ。

（この知事は、前の知事とは違う……）

多くの職員が勇気を得たのは間違いなかった。最も感激したのは、警察部長の荒井退造である。沖縄からいなくなった前任者を頼るわけにもいかず、荒井は知事不在にもかかわらず、県民のための食糧確保、そして疎開の段取りなど、山のような仕事に立ち向かっていた。

那覇の「県庁放棄」を敢行して、県民の疎開を実現しないまま沖縄から去った前任者と、明らかに「死」を覚悟して赴任して来た島田には、荒井の目から見ても大きな差があったに違いない。荒井は島田に心酔し、以後、死ぬまで行動をともにしている。

島田は、赴任後、精力的に動いた。すでに制空権を失いつつあった中、自ら台湾へ飛んだ島田は、台湾米およそ四百五十トンの緊急調達の契約をまとめ上げたほか、県民を台湾へ、そして北部国頭地区へ、疎開の具体的な計画を実施していった。

自身が各県の警察部長を経験しているだけに、島田は荒井警察部長との名コンビで、これらの難事業を次々と推し進めた。

どんなことをしても「県民の命を守る」という島田の固い信念は、台湾への疎開者と、沖縄本島北部への疎開者を併せて、およそ二十万人という数字となってあらわれていった。

米軍が沖縄本島に上陸する四月一日までのわずか二ヵ月で島田がおこなった県政は、戦後も語り草となって伝えられている。

島田知事は「生きろ」と言った

島田は、沖縄県の各市町村をできるかぎり巡回した。

自ら税務署長を訪問し、また、専売局長を訪ねて、住民に対する煙草や酒の増配を願い出たのである。各署長、局長は、県のトップ自らの懇請に感激し、ただちにこれを受諾、実行している。そして島田は、当時禁止されていた農村の村芝居も復活させ、大いに住民の楽しみを振興した。

ある日、島田は中部地区の貧しい村に立ち寄った。

予告なしの知事訪問に村が大騒ぎになった。官尊民卑の風潮が強かったこの頃、知事が直接、小さな村を訪れることなど「あり得ないこと」だったのだ。

感激した村人は島田に泡盛《あわもり》をふるまい、ささやかな酒宴となった。知事と農民たちが同じ酒を酌《く》み交わすという信じられない空間が、あちこちで現実になった。まさに奇跡的な出来事の連続だった。

沖縄県の人口課長として島田と行動をともにし、奇跡的に生き残った浦崎純は、著書『消えた沖縄県』（沖縄時事出版社）の中で、こう記述している。

島田知事は、ときおり地方行脚を試みた。

国頭地方への緊急退避ととりくんでいた頃だったから、部落へいくと部落民を集めて退避の重要性を説いたり、戦局の話をしたりした。知事が地方にでかけて部落民に接することなど、これまでほとんど例がなかったから、会場にあてられた国民学校では、附近の住民が多数押しかけた。年寄りや若い人たちに、屈託なしに気軽るに話しかける島田知事は、役人臭が微塵《みじん》もなかったから、田舎の人にはそれが嬉しかったのである。（略）

島田知事はそれから二、三日して東風平《こちんだ》村のある農家に立ち寄った。留守番をしていた老婆に迎えられたが、随行の職員に知事だと聞かされたその老婆は、その場で土下坐してしまった。

老婆に案内を乞い、裏の豚舎や牛舎をみてまわった知事は、大きく育った豚や牛をみながら、ふた言み言話しかけていたが、やさしいいたわりの言葉をのこして去った。

思わず土下座をするほどの存在が豚や牛のようすを直接見にくることを老婆はどう感じたのだろうか。国難なときだからこそ、民情を掌握しようとする島田の職責に対する強い意識が窺えるエピソードと言えまいか。

昭和二十年三月二十三日、米軍が沖縄に空襲を開始すると、島田はただちに県庁の首里移動を命じた。軍司令部が首里に置かれていたからである。

四月一日、米軍は沖縄本島に上陸する。県庁は、島田の指示により、ただちに防空壕内での執務となった。今も残る「県庁・警察部壕」である。

「地下壕の県庁」として知られるこの地での執務は、それから五十二日間に及ぶ。

四月二十七日、最後の沖縄県市町村長会もこの壕の中で開かれた。島田は市町村長に本土からの激励電報を披露し、あくまで「住民保護」を最優先するよう最後の直接命令を出している。

島田は、首里陥落直前の五月二十四日、知事の指揮下にあった「後方指導挺身隊」に対して、以下の命令を出した。

組織を細分化し、あくまで犠牲を少なくして、それぞれが住民保護に邁進《まいしん》せよ——。

それは、自分の命令が以後は届かなくなることを想定し、四、五人の最小単位で行動して犠牲者が出ることを自ら防ぎ、できるかぎり「住民保護」に徹することを命じるものだった。

これは、住民とともに自身の安全を確保することを指示したものでもあり、事実上の「解散命令」とも言えた。

以後、島田知事たちは、米軍から逃れて壕から壕へ、避難をつづけている。島田の後輩、中野好夫が「最後の沖縄縣知事　人間・島田叡氏の追憶」（前出）に記した次の一文が痛ましい。

> 叡さんは、べっとりと暑苦しい暗闇の中に、もう短くなったローソクの切端を何本となくずっと立て並べ、その前にアグラをかいて、なんの本かわからぬが、よく一人で黙々と本を読んでいたそうである。しかもそれも読み疲れると、今度はぐっと腕を組んで、いつまでもいつまでもローソクの火を見つめていたという。最後近く別れて行った随員の一人が傳える一場面だが、なにか私にはこの一瞬の叡さんほど彼の心の底の真実の声をしみじみと傳《つた》えてくれるものはないような気がするのだ。

島田が壕の中で読んでいた本とは、果たして佐々木が託した『南洲翁遺訓』と『葉隠』だったのだろうか。

島田は、江戸時代中期、肥前国鍋島藩の山本常朝が武士としての心得を後世に伝えた『葉隠』が好きだった。佐賀に赴任が決まったとき、島田は葉隠の精神に触れることをなによりの楽しみにしていたという。

武士道と云《い》ふは死ぬ事と見つけたり

葉隠といえば、山本常朝のこの言葉が最も知られている。

しかし、葉隠の中で有名であり、島田の心もまた捉えていたこの一節は、「死」こそが武士道の根本であるという意味を説いたものではない。むしろ逆である。

武士は、いたずらに命を捨ててはならない。そのことを戒《いまし》め、死に直面したときのために、一日一日を覚悟をもって輝いて生きることを山本は説いていた。

島田が魅きつけられたのは、まさにこの葉隠の「真の意味」にあった。文字どおりの解釈で「死ぬこと」をむしろ勧めるような一般的な捉え方に島田は批判的だった。

龍泰寺住職の佐々木雄堂も、「命を簡単に捨ててはならない」「死ぬまさにそのときまで覚悟をもって輝いて生きることが大切だ」と説いた。そして島田は、師である佐々木の講話に大いに共鳴していた。

西郷南洲、石川啄木、そして山本常朝……島田は、これらを独自に嚙みしめ、解釈し、そして佐々木雄堂に自らの思いをぶつけていった。

それらを血とし、肉とした島田は、沖縄の地で次々と実践し、壕のなかにあってなお、読書をつづけていたのである。

昭和二十年五月二十二日付読売新聞朝刊（第二面）には、留守宅を守る美喜子夫人が取り上げられている。〈敵前に立てるお茶　戦う島田沖縄県知事のたより〉と題された記事には、畑仕事に励む美喜子夫人の写真の横に、彼女の談話が紹介されている。言うまでもなく戦意昂揚《こうよう》のための記事だが、それでも悲痛な家族の思いは十分、伝わってくる。

　主人赴任のころはもちろんまだ今日のように切迫した情勢ではありませんでしたが、主人は愛蔵の日本刀を抱いて出発、その際御見送り下すった上司、同僚の方々に〝立派に死んでくる〟と申し笑って出掛けたときいております。

　その心持ちが今になって私にはハッキリ判って参りました。ふだん激しい強い気性で人様から熱血漢などともいわれていたようですのでおめおめ皆さまに笑われるような態度はとるまいと信じております。

家庭ではいつも娘たちと遊ぶのが大好きで中学生のように大声で一緒に唱歌を歌ったり冗談いって騒いだりしていました。小さいときから家庭的に苦労して育っただけに情に弱く涙もろい性質《たち》でしたから、県民の方々の御苦労にさぞ気を使っていることと察しております。

敵の艦砲射撃がはじまったころ出したという手紙が最近届きましたが「内地と違って施策の上にも不便、隘路《あいろ》もいろいろ多いが最後まで絶対に弱音は吹かぬ」また「難敵を前にして葉隠をひもとき、静かに我流の茶を立てている、これが僕の修身教科書さ」とも認めてございました。

きっと冷静、沈着に日本の官吏としてたたかってくれることを信じ少しも心配してはおりません。二人の娘も挺身隊に出てお父様に負けてはならぬと一生懸命御奉公に励んでおります。ただ一途《いちず》に皇軍勇士の方々につづく県民みな様の御健闘を祈るばかりでございます。

情に弱く涙もろい。そして、難敵を前にして葉隠をひもとき、静かに我流の茶を立てている――美喜子夫人が明かす夫の姿は、いかにも島田らしい。一家の大黒柱を「戦場の島」に取られながら、気丈に振る舞わなければならない残された夫人の談話が痛ましくもある。

六月三日、島田たちは、全長が東西におよそ百メートルはある「轟《とどろき》の壕」に辿り着いた。壕内を川が流れており、沖縄本島の最南端に近い糸満の自然壕である。

ここで島田は、「県庁の解散」を命じている。

ひとりでも多くの部下に助かって欲しい。知事である自分には「自決」しか残ってないが、部下たちにはどうしても命を永らえて欲しかったのである。

島田が部下に「生きろ」と説いたことには、さまざまな証言がある。

『季刊　道』（二〇一二年秋号　どう出版）には、沖縄県警察書記と沖縄県防空監視本部隊員を兼務していた山里和枝のこんな証言が掲載されている。

> 私が最後に島田知事にお会いしたのは、轟の壕に移った6月11日から数日後の15日あたりでした。食べるものも何もなくて水ばかり飲んでいた時だったので、壕の入り口まで出れば外はさとうきび畑でいっぱいですから、1本くらいとれないかと思い、壕を出ようとしました。その時、長官（知事）が鉄兜《てつかぶと》をかぶって出ていらした。

私は思わず、「長官、どちらへ？」とお聞きしました。知事は私の肩を叩いて「僕たちはこれから軍の壕に行かないといけない。敵は、女子供には何もしないから、君たちは最後は手を挙げて出ていきなさい」と言われたのです。

私は「今までは捕虜になるなとおっしゃっていたのに」と思ってね、「長官、今になって捕虜になれとおっしゃるのですか？」と言ったつもりでしたが、それを知事がお聞きになったかどうか。

「絶対に生きるんだぞ。最後は白旗を揚げて、絶対に友軍と行動を共にするなよ」と私の肩を叩いて出て行ってしまいました。それが知事とお会いした最後でした。

その時まで私は「生きよう」ということは毛頭考えておりませんでしたけど、この長官の「絶対に生きるんだぞ」という言葉で、本当に生かされることになるのです。

（『沖縄の祈り　語り伝えるために生かされて』より）

摩文仁に消えた命

島田の最期については、当時、毎日新聞那覇支局長で、報道班員として唯一、生き残った野村勇三の証言が貴重だ。

「自分は軍司令官と最後の行動をとりたい」

六月のある日、野村は島田からそんな連絡を受けた。摩文仁の司令部へ案内して欲しいという頼みだった。島田と牛島満・第三十二軍司令官は、上海領事館時代からの顔見知りである。野村は、すぐに島田を摩文仁に案内した。

野村は、こう記述している。

　翌日の未明、島田さんを案内して摩文仁の壕に牛島軍司令官と長《ちょう》参謀長を訪ね、そのまま島田さんは直ぐ近くの軍医壕に入った。

　真壁から摩文仁に移る道中、米須《こめす》あたりの道路には兵や民間人の死体が道をふさいでいる。私は殆ど毎日のように艦砲と機銃撃を縫うて出歩いていたので、そのころの外の模様はよくわかっていたが、島田さんはこのように沢山の死体が横たわっているせい惨な光景は始めてのようであった。折重《おりかさな》っている死体に一々手を合せて拝みつつ歩いた。島田さんのやさしい気持があらわれていた。

（『沖縄の島守　島田叡』）

「沖縄本島を脱出して戦さの実相を本土に報告せよ」

牛島司令官からその命令を受けた報道班員たちは、六月十九日、海上班と陸上班の二班に分かれて脱出をはかっている。そのなかで戦後まで生き残ったのは、野村ひとりだけだった。

脱出する日の昼、野村は島田知事を訪ねている。ここでのやりとりも胸を締めつけられる。

「しっかり頑張ってください。成功を祈ります」

野村の手をしっかり握った島田は、そう励ました。お互い明日の命は知れない。万感こみ上げた野村は、島田にこう問うた。

「知事さんは、これからどうされますか」

この場に至っても、自分の命を心配してくれる野村に、島田は思わず微笑んだ。

「軍と最期をともにします」

そう言うと、島田はこうつけ加えた。

「見苦しい身体を残したくありません。遠い海の底へ行きますかな」

島田はそう言って笑った。

野球で鍛えた島田の身体は、食べるものもほとんどなく、赤痢が蔓延する壕から壕へという逃避行のなかでも、まだ頑健さが失われていなかった。しかし、ノミや虱《しらみ》で、威風堂々としていた頃とは比べものにならなかった。

死ぬときを絶対ともにする、と固い決意でついてきた警察部長の荒井退造も、さすがに体力が尽き果てていた。

（島田知事は、惨めな骸《むくろ》を人目にさらさないかたちの死を決意している……）

野村は、そのことを悟った。

（知事は、入水《じゅすい》するつもりだ……）

野村はそう直感したが、口には出さなかった。

先述したように島田は、これまでに多くの県民の遺骸を見てきている。そのたびに合掌する島田の姿を部下が目撃している。

死んだあとの自身の屍《かばね》が人々の迷惑となってはならない。島田は、そこまで自分の「始末」を考えていたのである。いかにも、信念と気配りの能吏、島田らしかった。

そして、それが島田と交わした野村の最後の会話となった。野村はこう書いている。

「これは私の最後に使うんだ」といって持っておられた薬（筆者注＝青酸カリ）もあったし、最後の言葉からしてもおそらく島田さんは摩文仁の沖へ出て、立派な最後を遂げられたと思う。多数の県民を失った責任を強く感じておられた島田さんだから、あの場合到底生きようとはされまいがまことに惜しい人を失った。島田さんのような本当の民主的な人をほしい今日である。十九年目のご命日を前にして島田さんのご冥福を心から祈りたい。　（『沖縄の島守　島田叡』）

「見苦しい身体を残したくありません」

その言葉どおり、島田と荒井の遺体は、ついに見つからなかった。自らの身体の「始末」を完全につけて、二人は、この世から去ったのである。

最後に、島田の生涯の師となった佐賀・龍泰寺の佐々木雄堂が亡くなる年（昭和三十九年）に記した絶文を紹介して、戦場の知事・島田叡への手向《たむ》けとしたい。

先年当時の上司であり、後の内務大臣であった安倍源基氏の話によると、十九年十二月、当時の沖縄県知事は病気と称して沖縄に帰任せず、各部長も各々口実をもうけて内地に引き揚げ、県庁内には荒井警察部長ただ一人とどまっているという状態で、県と県民とは完全に背離し、今一カ月知事着任がおくれたら陥落前内乱発生という異常な危険状態にあったとのこと。

その殺気だった沖縄に着任した島田知事は、制空権を侵されている中を台湾に飛び島民の食糧を確保し、また玉砕後の沖縄再建の任を果たす者は現在の小学生ではないかと、当時中止されていた学童の九州疎開を、軍の反対を押しきって再開強行された。この信念に生きて、その身心を傾けた実践は県民に強く印象され、今日なお島田知事を追慕すること深く、特に命の親と慕う当時の九州疎開の小学生たちは既に中堅層となり、たくましく沖縄再建の中核体となっている。

八年前同志相結んで有名な「ひめゆりの塔」「健児の塔」と共に島田知事のために「島守の塔」を建設し、毎年六月二十三日の命日には盛大な祭典を催し、島民は尊崇とともに知事の志をつがんことを誓っている。文字通り島田知事こそは「後から拝まれる」偉材であり、沖縄の歴史のつづくかぎり大空にかがやく明星のごとく沖縄再建の精神的原動力となることを私は確信する。

（『師と友』〈昭和四十年九月発行〉に寄せた佐々木の絶文より）

第二章　栄光と敗北の歴史

明治二十九年の第一高等学校チーム

無敵を誇った一高野球

さて、「沖縄の島守」「戦場の知事」島田叡を生んだ東大野球部とは、どんな道を歩んだ組織なのだろうか。

東京大学は、明治十（一八七七）年に東京開成学校と東京医学校が合併し、明治政府によって設立された。その後、明治十九年に帝国大学と改称されたが、この時期、その予科と位置づけられる第一高等中学校が創設されている。

同中学校は明治二十七年に第一高等学校と改称される。野球がこの国に根づく時代、最強を誇ったのは、この学校だった。

同校と野球との因縁は古い。日本の野球は、東京開成学校でスタートしている。

野茂英雄やイチロー、ダルビッシュ有、田中将大、前田健太、大谷翔平……など、次々とメジャーのスター選手を輩出する日本球界は、今や押しも押されもせぬ世界最高レベルの野球界との評価を得ている。その原点は、東大にあるということだ。

日本に野球を伝えたのは、アメリカ合衆国メイン州出身のホーレス・ウィルソンという英語教師である。明治四年、明治政府の招きで来日したウィルソンは、東京開成学校の前身の第一大学第一番中学校で英語と数学を担当した。このとき校庭で、ボールを投げ、打ち、捕って、走るという現在の野球のもとを課外スポーツとして生徒たちに教えた。

道具もない時代に、子供の頃から野球少年だったウィルソンは、自分が大好きなベースボールを明治時代の日本の青少年たちに指導したのである。

当時の日本には「野球」という言葉もなく、「打球おにごっこ」という微笑ましい名前で全国に広がっていった。

その後、東京開成学校が第一高等中学校、そして第一高等学校と名称を変えていく中、明治期の日本野球の中心は、ウィルソンが直接伝えたこの学校の野球部が担《にな》ったのである。

特に盛んだったのは、明治十九年から三十七年までの、俗にいう「一高時代」を築いた「第一高等学校べーすぼーる部」（筆者注＝明治二十三年までは「べーすぼーる会」）である。ベースボール部ではなく、べーすぼーる部と平仮名で表記したあたりが、いかにも一高らしい。

当時、同年齢のなかでも、旧制高校にはコンマ数パーセントのエリートしか進めなかった。多くの若者が貧困ゆえに学問を志すことさえできなかった時代である。「頭脳」と「家庭の経済状況」が極めて恵まれた者だけに許された特権的な高等教育機関だったと言える。

なかでも一高は、ほとんどの学生がそのまま東京帝国大学に進むことができるだけに、難易度は全国の高等学校の中でも抜きん出ていた。

難しい入学試験を突破して入ってきた若者は、当時のバンカラの世相そのままに、弊衣《へいい》破帽《はぼう》と放歌高吟《ほうかこうぎん》のスタイルで心身を鍛えた。柔道や剣道、野球、庭球などの学生スポーツが全盛を迎えたのである。

一高の野球は、精神主義に貫かれ、グラウンドは「一高精神の発露の場」であり、日本野球発祥《はっしょう》の地として「常勝」を義務づけられていた。ほかの部活動に劣らず野球部も猛練習に励み、「一高時代」を築きあげた。

いかに熱が入っていたのかを物語るエピソードがある。明治二十三年五月十七日に起こった「インブリー事件」である。

本郷向ケ丘《むこうがおか》の一高グラウンドでおこなわれた明治学院戦で、一高は〇対六という大量リードを許していた。

当時、常勝を誇っていた一高べーすぼーる部にとってはあり得ない劣勢であり、その時点で部員や応援団は相当、頭に血がのぼっていたと思われる。そこに試合の始まりに間に合わなかった明治学院のアメリカ人宣教師ウィリアム・インブリーが、垣根《かきね》を乗り越えてグラウンドに闖入《ちんにゅう》してきた。

「なんだ、あれは……」

「わが一高の神聖なグラウンドをなんと心得とるか！」

インブリーはたちまち一高の応援学生や、大会を終えたばかりの柔道部員たちに取り囲まれた。

だが、インブリーも怯《ひる》んではいない。垣根を乗り越えたことぐらいで、人々を導く宣教師たる自分が指弾されるいわれなどない。

「この野郎！」

売り言葉に買い言葉もあっただろう。もみ合いになった中で、インブリーは顔面を石で殴打され、ケガを負ってしまうのである。

「あっ」

顔面から噴《ふ》き出した大量の血によって、この出来事は「バンカラだから」と許されるようなものではなくなってしまった。試合は中止となり、グラウンドは大混乱に陥った。

第一高等学校寄宿寮の『向陵誌』には、この場面がこう描写されている。

此日吾勢振《ふ》るはず六回に於ては既《すで》に六點《てん》を輸《しゅ》せしが時遇々《たまたま》同日を以て開かれたる柔

> 道部大會《たいかい》の終結を告げたる頃にして白衣の稽古《けいこ》着見物場に充満せり。彼等は吾部の敗れんとするを見て切齒扼腕《せっしやくわん》せるに際し一大洋漢あり校垣を越えて場内に闖入《ちんにゅう》せり。此《ここ》に至って其の無禮《ぶれい》を詰責《きっせき》せんとして柔道部員を眞先に寮生忽《たちま》ちにして彼を取り圍《かこ》み、人多きため言語通ぜざるに當《あた》り血氣《けっき》の士或《あるい》は石を飛ばすありて遂《つい》に其の顔を傷けたり。

各国の駐日特派員は、本国にこの大騒動を打電した。外交問題への発展は必至の状況だった。

いくら応援していた学生たちが引き起こした事件だったとはいえ、国際問題となれば一高ベーすぼーる部も無傷でいられるはずはなかった。最悪の場合、部の解散さえあり得ただろう。

だが、幸いにこの騒動が大きな外交問題へと発展していくことはなかった。明治学院としても国際問題化を望んでおらず、インブリー自身も事件の鎮静化を願ったからだ。

両者の間で何度も話し合いが持たれ、事態の拡大は土壇場で回避された。

OB会（一誠会）を中心に平成二十二年三月に編纂された四八〇ページに及ぶ『東京大学野球部90年史』には、事件が「インブリー事件」として、こう記されている。

1890（明治23）年、このべーすぼーる部は明治学院白金倶楽部と対戦したが、0－6でリードされている時、同学院のインブリー教授が、垣根をのりこえて構内に入り、正門主義を標榜する一高応援団の激昂を買い、投石によって負傷するという不祥事が起こり（インブリー事件）、試合は中止された。しかし、内容から見てこの試合は完敗であったと認めた一高べーすぼーる部の猛省が契機となって、「勝利のために死力を尽くす」という指導原理が〝一高野球〟の中に生まれ、根づいていくことになる。

この事件は、野球という競技が「スポーツ」という枠を超えて、雌雄《しゅう》を決する「果たし合い」のような熱のこもったものになっていたことを示している。こののち、野球とは、学校の名誉を天下に示す大いなる手段となっていくことを予感させるものでもあった。

日本で初めての野球ブームをもたらした一高べーすぼーる部は、このインブリー事件の六年後の明治二十九年に、今度は日本中を熱狂させる試合に勝利している。

五月二十三日、同部は、横浜外人居留地運動場で日本初の国際試合として横浜外人クラブと激突。これは横浜に住むアメリカ人たちによって構成されたチームで、野球の母国・

アメリカに胸を借りる注目のゲームだった。

一高はエース青井鉞男《よきお》を立て、内外角に球を散らして外人クラブ打線を翻弄する。一方、打撃陣も初回から敵がくり出す投手陣を次々に打ち崩して、試合は予想外の展開となった。終わってみると実に二十九対四という大差で一高の勝利。猛練習と精神主義でつくりあげた一高野球が、外人クラブでは歯が立たないレベルにまで達していたことを内外に示したのである。


この勝利は、単に一高の勝利に留まらず、「日本人の勝利」として人々を熱狂させた。

「今日の勝利は一高の勝利のみならず、われら邦人の勝利である。慎しんで選手諸君の労を謝します」

学生総代の守随《もりずみ》啓四郎は、選手たちがその夜、一高に凱旋した際、そう祝福した。一高には詰めかけた学生や一般人およそ千人の「万歳」の声が谺《こだま》し、その熱狂ぶりは長く語り継がれた。


ちなみに、横浜外人クラブからは再戦が申し込まれ、二週間あまりのちの六月五日、同じ横浜外人居留地運動場において、あらためて両チームが対戦している。

このとき、横浜外人クラブは、アメリカ東洋艦隊の野球選手たちの選抜チームとして再編成され、雪辱の意気に燃えたが、それでも、一高べーすぼーる部はこれを三十二対九と退け、見事、連勝した。

青井鉞男は、日本を代表する〝一高の大エース〟となったのである。こうして一高は、日本の野球界に揺るぎない地位を確立した。

ベースボールを「野球」と日本語に訳したのも、一高べーすぼーる部に在籍した中馬《ちゅうま》庚《かのえ》である。

中馬は、薩摩の鹿児島城下で生まれ、明治二十一年に第一高等中学校に進学。ただちに同部に入り、明治二十六年に卒業した。

第一高等中学は、中馬の在学時代の明治二十七年に第一高等学校に改称している。中馬は明治二十八年に発刊された『一高野球部史』を執筆し、ここで「野球」という言葉を初めて正式に記述している。命名者としての功績を認められた中馬は、昭和四十五年に野球殿堂入りを果たした。

俳人であり歌人でもある正岡子規も、一高べーすぼーる部に名を連ねていたことが知られている。

自らの雅号を「野球《のぼーる》」としていたことから、「野球」の命名者とも誤解されているが、これは幼名の「升《のぼる》」にちなんだもので、正岡が命名者ではない。

これらのエピソードの数々から、一高が日本の〝野球の祖〟であったことは明らかだろう。

早慶の台頭と一高の衰退

しかし、野球熱が上昇するにつれて、私学の強豪が「打倒一高」を目標にするようになる。

一高の牙城を揺るがせたのは、早稲田と慶應義塾である。対外試合の勝率が八割を超えていた一高に、両校は、追いつけ追い越せの猛練習を課し、多くの有力選手が両校の門を叩くようになる。

明治三十七年六月一日、一高は、試験期間が終わって間もなかったにもかかわらず、早稲田との対抗試合に臨んでいた。

徹夜つづきで勉強をしていた選手たちに「自分たちは王者だ」という強い意識があったのは間違いないだろう。相手から申し込んできた試合を、試験直後で「コンディションがよくないから」などという理由で断わるような選択肢は当時の一高にはなかった。

自信と慢心とは紙一重だ。たとえ練習不足でも、早稲田相手ならいかほどのことでもない、という気持ちがあったに違いない。

だが、新興勢力である早稲田の実力は、短期間のうちに飛躍的に伸びていた。試合前のフィールディングでも、掛け声のタイミングも、そして、気合の入れ方もまた、かつての早稲田ではなかった。

王者の野球を見せようとした一高は、コンディションの悪さと、同時に油断というスキを突かれて、初回から圧倒されていく。

こんなはずはない……。

イニングが進んでいくにつれ、一高野球部は焦燥感に捉われていった。それとは対照的に、早稲田は間断なくグラウンド内に声が飛び交い、気迫が満ちていた。

それは、試験期間中で衰えていた体力とコンディションの悪さを考慮しても、王者一高にとってあってはならない結果だった。

九対六で早稲田の勝利――。

事情を知らない一般人にとっては、野球界の王者交代か、とでも思わせるような〝事件〟だった。実際、足掛け三年におよんだ一高野球部の連勝記録がストップしたこの試合は、野球界の大きな転機となる。

（一高が負けたんだ……）

常勝の名門校・一高の敗退は、他校の勇気とやる気を奮《ふる》い立たせることになったからだ。

俺たちでもやれるかもしれない。連勝記録は一度途切れれば、対戦相手を恐怖感から解き放ち、「俺たちもやれる」というやる気を呼び起こす。

一高は、翌六月二日に組まれていた慶應との試合でも敗れ、王者としてあり得ない「連敗」を喫するのである。

一度沸き立った「打倒一高」の熱は、早稲田、慶應だけでなく、他校にも燎原《りょうげん》の火のごとく広がっていった。

着実に有望な野球選手を集め、さらに、厳しい猛練習を課すようになった早慶ら各校に対して、難しい学力試験を突破しなければならない一高野球部は、次第に、入ってくる選手たちの「体力」と「技量」が他校に比べて劣ることを認めざるを得なくなっていく。

そして、その差は年を経るごとに広がっていった。

苦難の道と六大学加入

一高の野球部員は在学中、試合や練習を活発におこなった。しかし、一高生として野球に熱中した面々が東京帝大でも野球をつづけたわけではない。むしろ、帝大進学後は、ほとんどが野球から離れた。

そもそも、東京帝大には野球用のグラウンドすらなかった。一高を卒業することは、そのまま野球からの「引退」を意味し、野球の魅力から離れられないOBが時折、一高の野球部に顔を出して後輩の指導をするなどして、ボールやバットの感触を楽しむぐらいだったのだ。

東京帝大に野球部が創部されなかったのは、やはり「学業」に理由がある。当時の厳しい学業は、いまの大学とは比較にならない。各国の原書を用いた授業は、予習・復習を欠かしたら、とてもついてはいけなかった。

少人数の授業は、いつも真剣勝負だったと言っていいだろう。そのうえ、医系や理工系の学生には「実習」も加わった。

東京帝大の学生に野球をやる時間は、ほとんどなかった。では、なぜ大正八（一九一九）年に東京帝大に野球部が創設されたのだろうか。そこには、ひとりの名投手の存在があった。

前出の『東京大学野球部90年史』には、こう記述されている。

> 早慶に覇者の地位を譲ってから雌伏14年、雪辱の機を狙っていた一高に、1918（大正7）年、球史に残る名投手内村祐之《うちむらゆうし》が独協中学から入学した。身長1メートル

65センチの内村は、けっして大柄ではないが、バネがあり、脚も速かった。柔道の試合に飛び入りで出場して相手をねじ伏せるなど、腕力も強く、その左腕からくり出す速球と、キレのよいカーブは威力を示した。内村は研究熱心で、アメリカの野球書も読んで野球理論にも精通していた。内村を迎えた一高野球部は、早速早慶両校に挑戦、5月4日に早大を7－0（この試合には3万のファンがつめかけた）、5月18日には慶大を4－0（奪三振17、3塁を踏ませず）と完勝し、当時早慶と共に4強と称された三高・学習院をも破って、一高は国内の覇権を奪回した。

慶應に勝った翌日、当時読売新聞の記者であった飛田穂洲は、内村に次のような賛辞を呈している。

「慶應も早稲田と運命を同じとした。一高は見事一高の願望を成就したのである。之も内村あればこそ、内村は実に一高有史以来の大投手である。早慶両軍を零敗せしめたのみならず、昨日の慶應戦の如きは17の三振を得たるなど近来のレコードである。

強き哉《かな》一高　強き哉内村」

一高に球界を代表する内村あり――。内村を迎える東京帝大に野球部がなくていいのか。

折も折、京都帝大から東京帝大に試合の申し込みがあった。できれば定期戦を、という要望である。

ここに至って、のちに総長ともなる医学部教授の長与又郎《ながよまたお》は、巻き起こる野球部創設要求の声に応えた。大正八年、長与が自ら初代部長に就任し、東京帝国大学野球部が創部されたのである。

長与の存在を抜きにしては、東大野球部の歴史は語ることができない。

一高時代には内野手として活躍した長与は、東京帝大の医科大学（現在の医学部）に進み、のちに医学部教授、病理学者として名を馳せ、ガン研究の世界的権威として知られる。長与は、野球部の寮を「一誠寮」と名づけ、長与の揮毫《きごう》による「一誠寮」の額は、今も寮の食堂に掲げられている。

しかし、このなかの「誠」の字には、右側に「ノ」の部分がない。長与は、そのことを指摘した選手たちに対して、「最後のノは君たちが優勝したときに入れるんだ」と檄《げき》を飛ばしたという。

残念ながら同部は、東京六大学で一度も優勝経験がないため、「ノ」の部分は現在も書き加えられていない。

長与は、日米開戦間近の昭和十六年夏、ガンで世を去った。享年六十三。亡くなる直前まで野球部のことを気にかけ、「必ず一度は優勝せよ」が口ぐせだったという。

長与の尽力で、京都帝大との定期戦は両大学の大きなイベントとなり、毎回、多くの観客が詰めかける名物試合となった。

長与が目を細めたのは、野球部創設早々に一高から入ってきた内村祐之である。内村の父親は、キリスト教思想家であり、文学者でもあった、かの内村鑑三である。学究の家に生まれ育った内村は、学問だけでなく、類《たぐ》いまれな運動能力を備えていた。

前述のように一高時代に早・慶を連破した内村は、東京帝大野球部でも相手打線を翻弄し、たとえランナーがスコアリングポジションに進んでも、ほとんど「得点を許さない」という多彩な投球術を披露した。

内村投手の力投で、東京帝大は堂々たる地位を築いていく。

帝大同士の対戦はその後も規模を拡大しつづけ、意地と意地とがぶつかり合う激しい試合がさまざまなエピソードを生んでいく。

その名残りは現在もあり、毎年夏に「七大戦」と呼ばれる旧帝大七校（東京大学、京都大学、東北大学、九州大学、北海道大学、大阪大学、名古屋大学）によるトーナメント戦が開かれている。

しかし、帝大戦に力を入れれば入れるほど、強豪私学との実力差は開いていった。内村が卒業すると、実力の低迷は否めなかった。

ちなみに、長与のあとを追って、内村はのちに東大医学部教授となり、精神医学の権威となっている。日中戦争が泥沼に陥っていた昭和十四年には、第四代の野球部長に就《つ》いた。

戦局が劣勢となった昭和十八年、東京六大学野球連盟が解散に追い込まれたときの理事長は、この内村だった。

軍部との折衝にあたり、各部の存続に奔走したのも内村である。プレーヤーとしてだけではなく、指導者として、そして、組織人としても野球界に尽力した功績が評価され、戦後は第三代プロ野球コミッショナーに就任し、昭和五十八年には野球殿堂入りの表彰を受けている。

東京帝大の大正期を代表するエース内村祐之は、生涯、野球との縁を大切にしたのである。

前章で記したとおり、大正後期の東京帝大野球部は、五大学連盟への加入を熱望し、そこで私学強豪と渡り合うことを悲願とした。

俊足巧打のリードオフマン・島田叡の活躍は既述のとおりだが、この時期に野球部を支えた多くの無名の選手たちの存在を忘れてはならないだろう。

名投手・東武雄の奮闘

　六大学加盟を果たす東京帝大を支えたのは、内村に優るとも劣らない名投手と謳われた東《あずま》武雄《たけお》だ。一高エース時代から「剛速球の東」と注目され、鳴り物入りで入部し、まさに獅子奮迅の活躍をした。

　身長百八十センチを超える長身からくり出される快速球と切れ味するどい変化球は圧巻で、早慶をはじめ、対戦校は「東攻略」のためにさまざまな手を打ったが、打ち崩すことは難しかった。

　のちに東は、梶原英夫、由谷《ゆたに》敬吉と並んで帝大野球部の「名投手三羽烏《ガラス》」と称されるが、戦績、実力ともにナンバーワンであったことは間違いない。

　ちなみに、東京大学野球部が誇るこの「名投手三羽烏」は、先の大戦で全員が戦死、戦病死している。有史以来、日本にとって最大の悲劇となったあの戦争が、いかに野球というスポーツにまで大きな影響を及ぼしたか、再認識させられる事実である。

　東は野球が盛んな大阪の出身で、天王寺中学から一高に進み、大正十四年に東京帝大野球部に入る。東の記録は、六大学の歴史を華やかに彩《いろど》るものだった。

スラッガーとしてもチームの主軸を担った東は、東京六大学リーグが発足した大正十四年秋のリーグ戦の開幕戦で、いきなり法政大学から連盟初の本塁打を記録している。東京六大学の記念すべき「第一号本塁打」である。

東の二刀流は法政打線を翻弄し、この試合を四対一でものにした。

投も打も、東は、ほかの選手とはすべてにおいてレベルが違っていた。東大は、この初シーズンで五勝七敗二分の四位と健闘した。

東は、昭和二年の春季リーグでは、立教大学を相手にノーヒット・ノーランも記録している。捕手の清水健太郎とともに磨き上げた投球術は、他校の追随を許さないものだった。

『東京大学野球部史』は、このときの模様を報じた当時の新聞記事をこう引用している。

> この日東の調子素晴らしく遂にノーヒット・ノーランの記録を造る。偉《い》なる哉『至宝』立教最後の攻撃にあきらめ切れぬインターフェアーの宣告を受く。されど堂々審判の裁定に服し、涙を呑んで来るべき復讐の日を待つ。好漢立教の為め一掬《いっきく》の涙をそそがざるものあらんや。

東大野球部では、それから九十年以上が経過した現在も、六大学でノーヒット・ノーランを記録した投手はいない。いかに東が傑出した選手だったかがわかる。

後述するように東の通算勝利数の記録を塗り替えることになる昭和三十年代のエース・岡村甫《はじめ》投手も、明治相手にノーヒット・ノーランにあとひとりまで迫るものの、達成には失敗している。

東は岡村が登場するまで、東大の投手部門のあらゆる記録を持っていた。リーグ戦での登板数は六十試合で、通算十六勝三十二敗。私学の強豪校を恐れさせた東の剛速球は、やはり特筆すべきものだろう。

しかし、名投手・東も、島田叡と同じく己の運命を戦争に翻弄される。

東大を卒業後、フィリピンにあった太田興業に入社。明治四十年に設立され、マニラ麻の栽培・販売を中心に手広く貿易業務を営む専門商社だった。軍との密接な関係によって、戦時下では、東は海軍嘱託となって勤務をつづけている。

日米の主力が激突し、四十九万人余の戦死者、戦病死者を出したフィリピン戦線を生き抜いた東は、終戦から三ヵ月後の昭和二十年十一月、ミンダナオ島ダバオ州のダリアオン収容所で戦病死する。享年四十四だった。

連盟の活動休止

島田や東の例を見るまでもなく、戦争によって有為な人材が数多く失われた。

昭和十二年七月に始まった支那事変、昭和十六年十二月の真珠湾攻撃を嚆矢《こうし》とする太平洋戦争は、大学球界にも甚大な被害をもたらさずにはおかなかったのである。

昭和十八年、ついに文科学生の徴兵猶予が撤廃され、十月二十一日には神宮外苑競技場で学徒出陣壮行式が挙行された。東京六大学の有名選手たちも次々と戦場に送り出された。野球殿堂博物館にある「戦没野球人モニュメント」には、以下の名前が刻み込まれている。

嶋清一（明大）　竹尻太次（明大）　阿瀬泰次郎（明大）　梶原英夫（東大）
由谷敬吉（東大）　加藤三郎（明大）　近藤清（早大）　松井栄造（早大）
吉江一行（早大）　永谷利幸（早大）　長良治雄（慶大）　近藤鉄己（慶大）
楠本保（慶大）　中田武雄（慶大）　南与四郎（法大）　田坂猛（法大）
丸山久四郎（法大）　永田音次郎（法大）　渡辺正守（立大）　高橋進（立大）

西郷準（立大）　岸田勝太郎（立大）

東京帝大野球部「名投手三羽烏」の残り二人の名が見える。もちろん、これは判明した戦没者の一部に過ぎない。将来を嘱望された多くの選手たちが、戦場で若き命を散らした。東京帝大野球部のＯＢも、ここに記された由谷、梶原以外にも、戦没者を出している。戦死、戦病死した日本兵の数は実に二百三十万人、一般人を含む全犠牲者の数は三百十万人。日本の歴史上、未曽有の悲劇となった第二次世界大戦は、学生野球の世界にも大きな打撃を与えたのである。

だが、戦争が終わって焼け野原になった東京で、東京六大学は昭和二十一年春に早くも復活の狼煙《のろし》を上げている。敗戦からわずか八ヵ月目のことである。

戦後の復興は、まず野球から――。東京六大学は戦後の日本人を牽引する役目を自覚しているかのように、戦後の混乱を脱してリーグ戦を再開した。

しかし、まだ外地からの復員船が続々日本に向かっている最中のことである。六大学も勝ち点制ではなく、各カード一試合のみという変則の再スタートだった。

ここで東大は、まだ陣容が整わない各大学を叩いた。

山崎諭《さとる》投手―山崎喜暉《よしてる》捕手のバッテリーが奮戦し、初戦で明治に十二対五で圧勝すると、次戦の早稲田には八回裏に挙げた虎の子の一点を守りきって、一対〇で撃破する。

次の立教戦は、まさに幸運に恵まれ、初回に一点を失ったものの七回裏に二点を取って逆転すると、なんと八回終了で降雨コールドとなる。〝なにか〟に憑《つ》かれたような快進撃だった。

次の法政戦は、死闘となった。一点をリードした東大は八回に同点に追いつかれ、延長戦へ。決着は十二回裏、東大がヒットと四球で満塁。ここで押し出しの四球で二対一、サヨナラ勝ちを果たすのである。

　東大は四連勝。ついに悲願の初優勝へ「あと一勝」と迫ったのである。

島田や東が亡くなって一年も経たないうちの後輩たちのこの躍進は一体、なんだったのだろうか。

　一誠寮の「誠」の字に「ノ」が加えられるか否か。五年前に泉下《せんか》の人となった長与又郎の悲願は達成されるのか。

　しかし、凄まじい闘志で挑んだ東大ナインは、ここで力尽きた。

　昭和二十一年六月十三日。後楽園球場でおこなわれた慶應―東大戦のスタンドには、学生たちが応援団をつくり、幟《のぼり》を押し立てて駆けつけるという熱気に包まれた。試合は、慶應・大島信雄、東大・山崎諭両エースによる息詰まる投手戦となった。

大島のホップするストレートと、冴えわたる山崎の速球と変化球に両チームの打線は沈黙する。六回までスコアボードにはきれいにゼロが並んだ。だが、七回裏に慶應は東大の守備の乱れ（後述）を突いて一点をもぎとった。

東大の懸命な反撃も及ばず、試合は無情にも〇対一のまま終わった。

強豪慶應の壁は厚かった。優勝の栄光を東大に渡してなるものか、と気迫で臨んだ慶應ナインの執念も見事だった。

焼け跡のなかでおこなわれた戦後初の東京六大学は、間違いなくその後のリーグの隆盛を予感させるものだった。そして、日本の戦後の「復興」と「躍進」への先鞭《せんべん》をつけたものでもあっただろう。

平成二十年六月二十九日、この試合に出場した内田尚彦、澤田信一、西村嘉明、井波《いなみ》義二、堀越勉の五人が有楽町の日本外国特派員協会に集まり、特別座談会がおこなわれた。実際の試合から実に六十二年後のことである（司会は昭和二十八年卒業の竹田晃）。

このなかで五人は一点を失った七回裏の〝痛恨の場面〟をこう振り返っている。

竹田　それで4戦全勝で6月13日に後楽園で東大－慶應。これは私、最初から最後まで見ていたんです、この試合は。なんか旧制高校の人がのぼりを立てて、にわか応援団を作ってスタンドにやってきましたね。

西村　一高なんかが。

竹田　東大の応援団のないころでしたからね。

西村　大変な騒ぎだったよね。

竹田　大変な騒ぎでしたね。

井波　7回裏に、サードベースのカバーに入った僕がランナーと交錯して、ここにこう当てて後逸して1点取られた、いまだにその感触が残ってますよ。

西村　決勝の1点も打ったのは別当（筆者注＝別当薫。昭和十八年、「最後の早慶戦」にも四番・センターで出場。プロでも史上初の三割・三十盗塁・三十本塁打のトリプルスリーを達成するなど活躍。昭和六十三年、野球殿堂入り）でしょう。別当がサードのぼてぼてのゴロを打って、しめたと思ったもの。

堀越　あれ、アウトコースの外れた球だから。

西村　それで、2塁走者の河内がサードに走っていったんだ。

井波　打者はアウトにはしたんだよね、立松さんはね。ところが2塁走者がサードまで来たんで、ショートの僕がベースカバーに入ったらランナーに目の前を通られてさ。サッと通った。いまだにここへ当たった感触は忘れませんよ、あれは。

でも、あれがなくても勝てたかどうかはわからないね。点が入らなかったからね。

西村　さっき試写を見た「最後の早慶戦」のときの連中が7人いたんだもの、慶應には、戦前の選手が。僕らはだって、2人しかいなかったんだもの。

（『東京大学野球部90年史』より）

昭和二十一年春のリーグ戦第二位。それは東大野球部にとって、今も燦然《さんぜん》と輝く栄光の記録である。

エースの山崎投手はその後も熱投をつづけ、東大は昭和二十一年秋と翌年春、二季連続四位という成績を収めた。

復活した東京六大学のなかで、東大は大いに気を吐いたのである。

第三章 伝説の最多勝投手

岡村甫投手

昭和三十二年入部

どこにでもいる大学生

黒縁《くろぶち》の眼鏡をかけた身長百七十センチ、体重五十八キロというどこにでもいるひとりの大学生が東大野球部の門をたたいたのは、昭和三十二年春のことである。少し色が浅黒いことを除けば、この青年が野球選手であることに気づく人さえいなかっただろう。

前年の昭和三十一年には『経済白書』が「もはや戦後ではない」と記し、来たるべき高度経済成長の予兆を示し始めた時期だった。

昭和十三年九月、高知市に生まれた岡村甫《はじめ》は、私立土佐中学、土佐高校を卒業し、現役で東大野球部へと入ってきた。

岡村は東大野球部史上、不滅の通算最多勝記録「十七勝」を打ち立てた大投手である。しかし、下手から投げるその球を実際に見ても、そんな大それたことを成し遂げると予測した人はもちろんいなかったし、もし、そんなことを真顔で言ったら、腹を抱えて大笑いされたに違いない。

当時の東京六大学は、エース杉浦忠、大スター長嶋茂雄に本屋敷錦吾《もとやしききんご》、拝藤宣雄《はいどうのりお》といった錚々《そうそう》たるメンバーを擁して四連覇を成し遂げる立教大学の天下だった。明治の秋山登、慶應の藤田元司といったエースがプロ野球の世界に入り、神宮球場は杉浦の下手からホップしてくる快速球が他校を圧倒していた。

神宮球場にはあまたの学生が駆けつけ、学生野球の頂点たる東京六大学は、まさに全盛時代を迎えていた。

終戦後、山崎諭投手の奮闘で、強豪私学に堂々とわたり合った東大も山崎の卒業後、長い低迷期に入っていた。リーグ戦の最中に朝鮮戦争が勃発した昭和二十五年春から昭和三十一年秋までは、「十四季連続最下位」という屈辱を味わうのである。

その間に、昭和二十八年春のリーグ戦から「五十連敗」という不名誉な六大学記録もつくっている。東大は、長く暗いトンネルの中でもがいていた。

そんな中に、岡村甫は入ってきたのである。

岡村は高校三年夏の高知県予選準決勝で、強豪高知商業に二対四で敗れ、甲子園への夢を断たれている。

岡村を見出し、東大野球部へと導いたひとりに、のちの東大野球部監督・竹田晃《あきら》がいる。竹田は『週刊ベースボール』（昭和三十五年五月十八日増大号）に、〈奇跡の投手　岡村甫〉と題して、こんな手記を寄せている。

土佐の下手投げ投手

昭和三十一年秋、大阪での用事をおえたぼくは高知に立ち寄った。そのとき、土佐高の岡村という投手が東大を志望していることを耳にした。帰京の直前、土佐高の監督氏と岡村投手の父君にお眼にかかる機会を得た。思いおこせば、それがぼくの意識のなかに岡村甫投手が登場した最初となったわけである。

岡村は、中学校野球の盛んな高知県下にあって、土佐中学の投手としてその名を知られていた。土佐高に進学したかれは、好きな野球を断念して勉強に励むことに決意したのだが、三年生になって、野球部の強い勧誘により、ふたたびボールを握ることになった。そして迎えた夏の大会で、土佐高は準決勝まで勝ち進んだが、高知商（結局南四国代表となった）に惜敗し、岡村にとって甲子園出場の唯一のチャンスは消えたのであった。「下手投げでちょっと面白い球を投げるが、体がきゃしゃだから六大学では無理だろう」というのが、監督氏のことばであった。だが、わが東大としては「硬球をにぎったことのある投手」というだけで、とびつきたい気持にならざるを得ない。「がん張って是非入ってください」とお願いして、ぼくは帰京した。

「体がきゃしゃだから六大学では無理だろう」と言われた投手が、のちに東大の投手部門の記録をことごとく塗り替えていくことになるなど、竹田は想像もしなかっただろう。甲子園の夢が断たれた当の岡村自身は、不完全燃焼のまま終えるのは悔しかったし、そうかといって自分の実力で、私学の強豪で野球をつづけるほどの自惚《うぬぼ》れはなかった。

東大野球部ならなんとかなる——。

岡村は、学業の成績には自信があり、東大なら「野球をつづけられる」と考えていた。

竹田の手記には、入試のときの岡村の姿も描写されている。

やがて入試の季節がやってきた。試験が終わった晩、ぼくは本郷の旅館に岡村を訪ねた。ちょうど入浴中だったかれを待っていると、やがて手拭《てぬぐい》をぶら下げた青年があらわれた。湯上がりのこととて眼鏡もはずしている。のぼせた顔で初対面の挨拶もすらすら出てこない。あまり頼りになりそうもない男——というのが正直のところぼくの第一印象であった。

しかし、話しているうちに、ぼくはこの男を見直さねばならなくなった。ぽつりぽつりと語ることばに、かなりの自信が感じられたのだ。だいたい、受験生に試験のできをたずねて、あまり景気のよいことばを聞けたためしはない。せりふは忘れたが、

その時岡村は少なくとも悲観的なことばはひとつももらさなかった。はたしてかれは

難関を突破した。

無事東大合格を果たした岡村は、発表翌日には上京し、入学手続きの前に早くも一誠寮に泊めてもらって野球部の練習に参加している。竹田は、岡村を大投手に成長させる大きな役割を果たすことになるのだが、そのことは後述する。

高校時代は球運に恵まれなかった岡村だが、東大野球部では数々の幸運がめぐってくる。なかでも最大のものは、素晴らしい女房役、すなわち捕手との出会いだろう。

高橋秀明。大分工業を卒業して三菱電機長崎に就職、その後、一念発起して一年半の予備校通いの末に東大入試を突破したという変わり種だ。年齢的には二歳年上だが、岡村にとってこの人物と同期だったのは僥倖《ぎょうこう》だった。

岡村は、高橋を「東大が生んだ最高の捕手」と言って憚《はばか》らない。身長こそ百六十三センチと小柄だが、肩の強さといい、インサイドワークといい、さらには打撃も含め、岡村の絶大な信頼を得る捕手である。

「俺は大分工業に行って、卒業して三菱電機長崎に設計技師見習いで入ったのよ。でも、大学に行きたくなって半年で辞めたの。それから予備校に一年半通って、それで東大に入

ったの。だからバッテリーといっても、岡村とは、こっちが完全な〝姉さん女房〟なわけだよ」

　最多勝投手を支えることになるこのユニークな姉さん女房は、そう言って笑う。

「最初は長崎から大分に帰って勉強しようと思ったんだよ。でも、勉強の仕方がわからんで、それで一年下の子らに聞いたら、〝予備校ちゅうもんがあるから〟と言われたので、それに入ろうと東京に出てきたわけ。亀有で下宿してね。当時、市ヶ谷に東京予備校ちゅうもんがあったの。そこに二学期から行ったけど、ちんぷんかんぷんでなんにもわからん。

　国立一期校は東京工大を受けて、二期校は横浜国大の電気を受けたけど、半年しか勉強していないんだから受かるわけないよね。それで、次は駿台予備校に補欠で受かったので、補欠が行く〝駿台予備校四谷校〟というのが四谷にあって、そこに通ったのよ」

　高橋の予備校時代の話はおもしろい。裕福な家庭に育ったわけではないので、つましい浪人生活がつづいた。

「おやじは満洲で負傷して、片足がなくなって戦争中に帰ってきて、田舎でのこぎり鍛冶屋をやっていたけど、小学校六年の時に亡くなったの。まあ、貧しい生活よ。予備校は午前中で終わりだから、午後は、いまの迎賓館のところに国会図書館があったから、そこで勉強したの。英語は苦労したよ。とにかく単語を覚えて、覚えて……。

漢文なんて高校時代にやっていないから、自分で勉強したよ。せっかく三菱電機に入ったのに、そこをやめて東京に行ったから、俺は〝三年やってできなかったら、田舎に帰って下駄屋を継ぐから〟と、おふくろに言ってたんだよ。仕送りは、三千円か四千円ぐらいだったかなあ」

成績抜群で進学校の土佐高校から現役合格してきた岡村甫と、思いっきりまわり道をして東大に入学してきた大分工業の元キャッチャー高橋秀明。長嶋茂雄が六大学の本塁打記録を塗り替え、杉浦忠投手が圧巻のピッチングを見せていた立教全盛の昭和三十二年、ふたりは新入生としてバッテリーを組むことになったのである。

高橋は東大野球部に入って驚く。「弱い」とばかり思っていた野球部で、高いレベルの要求をされたからだ。

「たとえば、バッティングピッチャーをやったんだけど、バッターがピッチャーに、アウトコースとかインコースとかを要求してくるわけよ。相手チームのピッチャーをイメージしながら練習をしているの。俺は、高校時代からキャッチャーだからね。高校のピッチャーは、とにかく直球とカーブをど真ん中に放るわけだ。それが適当に散るわけよ。

ところが東大は、ピッチャーは、ここはインコース、ここはアウトコースと、構えたところ、狙ったところに投げるわけ。ご丁寧にボール球までサインで放るんだよ。俺の高校時代は、ボール球のサインなんてなかったからね。これにはびっくりしたな。
そのとき東大のエースは吉田（治雄）さんなんだけど、すごいピッチャーなんだ。コントロールがものすごくよくてね。結構な野球をやるんだなと思ったよ。力野球をやるんだったら俺なんか大学野球を辞めてたかもしれないけど、そういう野球を目《ま》の当たりにして、やる気が出たわけよ」

このユニークな新入生バッテリーは、コーチを務めていた前述の竹田晃の提案によって、入部まもない五月、社会人野球の強豪、日立製作所での修業を命じられた。

日立製作所のエースであり、同時に監督でもあった蒲池《かまち》信二が竹田と東大野球部の同期だったからである。

この日立行きが、岡村の野球人生を変える。高橋によれば、

「岡村はアンダースローだったから、日立のピッチャーで、監督も兼任していた蒲池さんが同じアンダースローだったので〝蒲池さんのところへ教わりに行け〟ということになったのよ。俺はキャッチャーだから引っ張り出されて、ついていったわけよ。俺は、いろんな人の球をとってきたが、蒲池さんの球は、一番すごかったよ。東大の歴代ピッチャーの中で、もしプロに行っても通用するとしたら、蒲池さんだけじゃなかったのかなあ。
身長は一七四、五ぐらいだけど、ケツがでかい。昔、相撲をとっていたというぐらいだ

から、とにかくケツがでかいんだ。それで、球がググっと来るわけ。アンダースローの具合は、杉浦と早稲田の安藤元博の中間くらいの感じだよ」

岡村にとって、蒲池からの教えは、実質的に生まれて初めて受けるコーチだった。

「岡村君、ピッチングのときの腰は〝まわす〟ものではなく、〝押し出す〟ものだよ」

都市対抗野球で敢闘賞を獲得した直後の日立のエース蒲池はそう岡村にアドバイスした。

〝まわす〟ものではなく、〝押し出す〟もの？　しかし、岡村は、それを理解できるほどのレベルにはまだなかった。

もちろん蒲池にはそんなことはわかっている。蒲池は、岡村を成長させるために、竹田コーチを通じて、四年生捕手の日高一雄にある練習法を伝授した。

岡村には、インコースに〝いいストレート〟を毎日二百球投げ込ませろ――。

シンプルなその方針は、しっかり守られた。

日高捕手に対してインコースの〝いいストレート〟を二百球投げ込む岡村の日課がそれから始まるのである。日高が受けられないときには、一年先輩の内野恭志が受けてくれた。

この練習は、実を結んでいく。秋のシーズンを迎える頃には、岡村のスピードは増し、コントロールもかなり精度を増してくるのである。

岡村は練習が苦痛ではなかった。

「日高さんはフォームのことは一切、言わないんです。ただ〝いい球を二百球投げろ〟と言うだけです。恐いですよ。いい球を二百球投げるまで、練習が終わらないんですからね。しかし、〝仏の内野〟と言われていた内野恭志さんという一年先輩が来てくれると、〝ああ、いい球、いい球、いい球！〟と言って、すぐに二百球が終わるんです。内野さんが来てくれると、九割はいい球にしてくれるんですよ」

根気のいるこの練習で、岡村は着実に成長していった。

「いい球を二百球投げるのを続けていくうちに、いい球の投げ方がわかってきました。一年の夏ぐらいでしたか、日高さんの関係で社会人の熊谷組のグラウンドで練習をさせてもらいました。そこで投げているときに、日高さんが、〝いま投げているのは試合で行けるかもしれない〟と言ってくれましてね。私自身も手応えを感じるようになりました。その頃から、本当にいい球が行くようになりました」

女房役の高橋は、岡村を「インコースだけで勝負できた投手」と、評価する。

「岡村はインコースの球が独特だったな。インコースだけで勝負できたね。スピードは大したことない、と言ったら怒られるけど、球にキレがあるの。それに、岡村は、アウトコース低めとアウトコース高めも使いきっていたね。四コーナーにコントロールをつけていた。岡村は六大学の歴代のピッチャーの中で一番投球回数の多いピッチャーじゃないかなあ。彼は、俺が試合に出だしてから三年間六シーズン、およそ八十試合だけれども、四百何十というイニング放っているんだよ。やっぱり、それができたのは、岡村のあのインコースの球だよ」

いつの時代も、好投手の基本は打者の内角を突けるかどうか、にある。その肝心の球にキレがなかったり、制球力がなくてデッドボールになる投手は、決して「一流」にはなれない。

インコースに〝いいストレート〟を二百球、毎日投げ込め――。蒲池が岡村に課した実にシンプルなこの練習は、時代を超えて今も好投手を生み出す基本であるに違いない。

「遅いのに伸びて来る球」

インコースのボール以外に、もともと持っていた独特の球種を抜きに岡村を語ることはできない。

「私は、今、いわゆるスプリットと呼ばれる球を持っていました。高校時代に土佐高の監督だった溝渕（峯男）さん（筆者注＝昭和三十九年夏に高知高校を全国制覇させる監督）に教えられたものです。野球好きが高じてスポーツ店をやっていた人ですが、その当時、誰も投げていないスプリットの投げ方を教えてくれたんです。沈む球です」

　その球は、岡村の大きな武器になる。

「いまツーシーム、フォーシームって呼んでいるボールがあるでしょ。僕の場合、ストレートはフォーシームで投げるわけです。それから、ツーシーム。教えられてこれで投げてみると、アンダーから投げるので、たまに円盤みたいにヒューッと上がっていくんです。しかし、大部分は落ちるんですよ。自分では制御不能なんですが、これが武器になりました。試合で投げてみると、落ちましてね。その頃は、いわゆる、ツーシームを投げるピッチャーはいません。不思議なことにツーシームの落ち方が少ないと、いい当たりのゴロになり、逆に、落ち方が大きいと、ボテボテのゴロになりました」

　岡村独特のクセ球である。そして、その精度は、経験を積めば積むほど増していった。

「大学の三年とか四年になったら、それをバッターによって持ち方を変えて投げるようになりました。そして、ちょうど内野手が捕りやすいようなゴロを打たせるようになりました。このバッターには、落ち過ぎると内野安打になっちゃうから、こうしよう、あるいは、落ちないとヒットを打たれるからこうしよう、という工夫です。バッターによって落ち方を変えて、ちょうど凡打になるように調整して投げました。私が投げると、野手がエラーをしないんですよ。それで勝てたんだと思いますね」

いつの間にか、岡村は、どんなゴロになるのかまで計算できるほどの〝打たせてとるピッチャー〟に進化を遂げていたのである。

岡村は、自分のボールを「遅いのに伸びて来る球」と表現する。

「慶應出身で甲子園や、いろんなところで長く審判をやっている方がいましてね。その人が、長いこと審判をやっているが、〝あなたの球ほど遅いのに伸びてくるのは見たことがない〟と言っていました。確かに、私の球は遅いですよ。でも、どうも手元でピュッと来るらしいんです。スピードは、おそらく百二十キロ台だと思います。しかし、バッターから見たら、〝打とうと思ったら、先に球が来ていた〟ということのようです」

岡村は自身の球の回転数も意識していた。

「普通のピッチャーよりも球の回転が多い球を投げていました。通常、ピッチャーは、ボールをずらしていって、回転させて、リリースするでしょう。しかし、離す瞬間は同じなんですが、私はその前に指の第二関節のところで、グッと二本の指と親指でボールを潰《つぶ》すように押し出して投げていました。これは、中学で軟式をやっていた時からそうで、力じゃなくてコツだと思うんです。だから、僕の場合、一試合投げると一番疲れるのが掌《てのひら》なんです。翌日には回復しない。それが、打者から見たら特別な球だったんじゃないでしょうか」

昭和三十五年四月二十四日、岡村の球がなぜ打てないのかについて日刊スポーツは、〈岡村のピッチング　頭脳と技術が合致　キャシャな体に似合わぬ度胸〉という見出しのもとに、こう描写している。

　焦るとなぜ岡村は打てないか、それは変則的な下手投げの投球形であり、しかもプレート上の容姿風采《ふうさい》がたくましくない。むしろ弱々しい。こんなことから〝こんな投手の球〟と打者が思うのがすでに岡村に乗ぜられる第一歩なのである。

　投手の投球の球速というのは速い遅いという問題よりも打者に近づいてきたときに速くなるように打者に感じさせるのが理想的である。それから投手の手を離れた当時には同じ球道をたどるとみせて、打者の近くで少し変化することが望ましい。

　しかし投手も機械でないから投球を一〇〇パーセント自由にコントロールすることはできない。それで投手の頭脳と技術がマッチすることが、上手なピッチングをするためには必須条件である。

　投手の具備すべき条件というのは度胸、忍耐、打者の力を見抜く能力、そして味方から信頼される人物であること。このように技術以外のことが多い。岡村は打者が待つと思えばどんどん真ん中に投げ込む度胸があり、打ち気とみればクサイところに投げる。

彼が打者と面した頭脳戦で勝っていることが好球の第一条件である。このように投手が上手なピッチングをする陰には東大入学以来公私二人で苦楽をともにしてきた高橋捕手の功績も見のがすことはできないであろう。

プレート上の容姿風采がたくましくない。むしろ弱々しい。〝こんな投手の球〟と打者があなどるのがすでに岡村に乗ぜられる第一歩――名だたる東京六大学のスラッガーたちが、岡村によっていかに翻弄されていたかを彷彿《ほうふつ》させる記事である。

父子二代の東大野球部

そんな岡村にとって、高橋捕手ばかりでなく、ユニークなチームメイトに囲まれたことは、野球人生のうえで極めて強運だった。

岡村の代でキャプテンを務めることになる片桐《かたぎり》弘之は、東大野球部に入ることを、いわば〝運命づけられていた〟人物と言えるだろう。

片桐の父・勝司《かつじ》は、昭和八年に卒業した東大野球部のキャッチャーである。当時の大学は三年制で、勝司は、昭和五、六、七年と東大野球部の捕手あるいは、一塁手として活躍した。

まだプロ野球のない時代で、沸騰していた野球人気の中心は、「東京六大学」と「甲子園」だった。六大学には、慶應に高松商業で甲子園を制覇した宮武《みやたけ》三郎や水原茂、山下実、早稲田には三原修や小川正太郎、法政には若林忠志や苅田《かりた》久徳《ひさのり》など、人気選手が集《つど》っていた。

今では信じられないが、六大学でのレギュラー選手はスターそのものであり、プロマイドまで販売されていた。

「俺は、女優の水の江滝子よりも有名だったんだぞ」

ウソかまことか、片桐は子供の頃から、父のプロマイドがそれほど売れていたことを聞かされて育った。東京帝大野球部の面々も、立派な「スター選手」だったのである。

しかし、一家は戦争で大きな苦難に遭遇する。

父は、満洲の新京（現在の長春）で国策会社の満洲重工業開発に勤務していたが、戦争末期のいわゆる〝根こそぎ動員〟で召集され、関東軍の一員として二等兵で満洲防衛戦線に加わるのである。

まもなくソ連の満洲侵攻と、日本のポツダム宣言受諾で満洲全土は大混乱に陥った。武装解除に応じた関東軍の兵たちは、やがてシベリア抑留となる。

ソ満国境の黒河《こっか》にいた勝司は、このシベリア抑留をすんでのところで免れた。肺炎に罹《かか》ったのである。高熱を発し、衰弱した勝司は、病人ばかりが乗せられた列車に詰め込まれ、シベリアの方角ではなく、逆の「南」に下がってきた。

おそらく病人などシベリアに送っても仕方がないと思われたのだろう。

列車はやがて新京に停車。勝司は、ここで列車を抜け出して、なんと、家族のいる家へ戻ってくるのである。

片桐家は、長男で小学校三年の弘之と、あとは四人の妹がいた。まだ赤ん坊の末妹を含め五人の子供を抱えて途方に暮れていた妻のもとに勝司が帰ってきたことは、奇跡というほかない幸運だった。

七人家族の片桐家は、苦労を重ねながらも翌年八月、葫蘆島《ころとう》から全員無事に帰国する。

「あのとき親父が家に帰ってこなかったら、私らはとても大学なんかには行けなかっただろうね。本当にありがたいことです。その頃のことを親父が話してくれたんですが、親父には、東京帝大野球部時代の親友がいるんです。ピッチャーの高橋一《はじめ》さんです。名前は、はじめさんですが、書くと漢数字の〝一〟なわけです。それで、〝イチ、イチ〟って親父は呼んでね。イチさんは親父のことを〝カツ、カツ〟と呼ぶわけです。本当に親友同士だった二人の話を聞いて、私はどうしても東大野球部に入りたくなったんですよ」

どういうことなのか。

「親父は、召集されて二等兵となったわけですよね。それに病気にもなって、死にそうになった。そのときに親父は、〝俺がたとえここで死んでも、イチが必ず息子たちの面倒を見てくれる〟と思っていたそうなんです。そう思うと、いつも安心立命《あんしんりつめい》（筆者注＝すべてを天命に任せ、動じないこと）の心境でいられた、と言うんです。〝だから生きて帰ってこれた〟と。そういう話を私に聞かせてくれたわけです。

これを聞いたときは、まだ私、小学生だったんですよ。でも、たとえ自分が死んでも息子たちの面倒は絶対にあいつがみてくれるから大丈夫だ、と思っていたって、すごいことだと思ったんですよ。そんな親友関係って、すごいなあ、と、強い印象が残りましてね。私は、〝そんないい部に、僕も行きたい〟と、小学生ながら思ったわけです。

親父も、口では言わないんだけれども、たぶん息子を東大野球部の選手にしたかったと思うんですよ。戦後、昭和二十六、七年頃だったと思いますが、親父は六大学の先輩理事だとか、監督なんかもやっていたので、そういうことで六大学のいろんな招待券とかをもらっていました。当時は神宮がまだ進駐軍に占領されていたもんだから、後楽園とか、上井草とかで試合をやっていて、それを僕は観たわけです。どうしても東大野球部に入りたくなったんですよ」

武蔵高校野球部に入った片桐は、東大を目指した。

「武蔵はバスケットは強かったんですが、戦前には校長さんが〝野球をやっちゃいけない〟と言っていたような学校でね。野球部のほうは弱かったんですよ。同級生はバスケットで全国優勝したんですが、野球部は人数もそんなにいなかった。それで、三年間、初戦負けの連続です。しかし、僕は東大で野球をやるぞ、というわけでね。でも、東大に入るまでに二年浪人しましたよ。だから、僕の場合は、東大に行くというより、東大野球部を目指したわけですね。学部は文一に入学して、三年のときに経済学部に行きました」

ショートストップの主将・片桐弘之は、こういう道を辿って岡村たちとチームメイトになった男だった。一年秋からレギュラーとなった片桐は、二年春からはクリーンアップを打ち、強打の遊撃手として名を馳せた。攻守の要として、チームの勝利に貢献していくのである。

「僕は実感していたんだけど、六大学のチームと練習試合をやったら十戦十敗だったと思うんですよ。だけど、本番では、接戦にさえ持ち込めば、向こうは、最初は舐めてかかってきていても、だんだん焦ってくるわけですよ。だから、なんとか接戦に持ち込んで、〝これは負けるかもしれない〟と思わせないとダメなんです。

そうすると、監督以下、みんな堅くなるというか、調子が狂ってくるわけです。相手の中には、東大に負けたら監督にぶん殴られるようなところもあったからね。こっちがボロを出さず、そう持っていって、初めて勝てるかどうか、という、そんな感じがしましたね」

岡村投手をもってしても、勝利が容易でなかったことを教えてくれる話である。

「岡村がいくらよくても、点を取れないチームは勝てないんですよ。東大にも、かつてはいいピッチャーもいろいろいたわけです。しかし、数がそんなにいないから、才能があるピッチャーが頑張っても、点が取れなかったり、守備でボロが出たりするとね。やっぱり六大学では勝てないわけです。とにかく、接戦に持ち込んで、こっちが練習試合以上の力を出さないと勝てない。それが私たちの力だったんですよ」

勝利をアシストした異色のピッチャー

勝利をアシストしてくれるほかのピッチャーの存在も、岡村にとっては大きかった。同じ学年で岡村を助けたのは、鈴木基之投手である。鈴木の球歴もユニークだ。

「おまえは野球の選手になれ」

東京・早稲田に生まれた鈴木は、三歳の頃から父に安部球場に連れていかれ、そう〝洗脳〟された子供だった。

野球に明け暮れた少年時代も、開成中学への進学を機に終止符を打つ。勉強と野球の両立は無理と、鈴木は痛感したのである。

野球は大学から、と心に決めた鈴木は、一浪ののちに東大に入学する。しかし、猛勉強がたたって体重が五十五キロまで減ってしまった鈴木は、野球部の練習を見にいったものの、ハードな練習に入部を思いとどまっている。

体力が回復してきた秋になって入部した鈴木は、最初、フリーバッティングのキャッチャーをやらされた。しかし、ずぶの素人だったために、ボールが怖くて仕方がない。そこで一計を案じ、バッティングピッチャーを志願するのである。

「野球部には一応入れてもらったんだけれども、高校でも野球をやっていないし、ポジションがないわけですよ。これは、せつなかったですよ」

鈴木は溜息混じりに振り返る。

「当時、東大野球部は練習の初めに、フリーバッティングを一時間やっていました。フリーバッティングの間、新米はキャッチャーをやらなきゃいけなかった。それで僕もやらされたんだけど、高校でも野球をやっていない、ずぶの素人じゃないですか。だから、怖いんですよ。それで、一日やったら、もう、やりたくなくなりました。僕は、これから逃れるために、バッティングピッチャーを志願したわけです」

当時の東大のフリーバッティングは、二ヵ所に分かれ、ひとり十五分ずつ打っていた。これに四人のバッティングピッチャーが登板して、およそ一時間おこなうのである。

鈴木は、これを毎日、三人分四十五分ずつやらせてもらうことにした。とにかく、キャッチャーから逃げたかったのだ。これを七ヵ月間、鈴木は根気よくつづけたのである。

毎日およそ二百球、七ヵ月でざっと三万球を投げた計算になる。しかし、岡村と同じく、この毎日「二百球」という球数が、鈴木を成長させていくことになる。

「これで地肩がつき、なによりコントロールがよくなりました」

鈴木はこうして自信をつけた。

野球部に入部してそろそろ一年が経とうとする二年の夏の終わり、鈴木は当時の渡辺融《とおる》監督から、「ピッチャーをやってみろ」と声をかけられた。

鈴木は嬉しくて仕方なかった。これで大学三年、四年と四シーズン、鈴木は神宮のマウンドに立つことができたのである。

父親が東大のゲームを一試合も欠かさず観つづけたことは言うまでもない。

鈴木のボールはスピードこそないが、アウトコースのスライダーが独特だった。

まったく落ちることなく、水平に曲がる不思議な球なのである。岡村は、鈴木に何度助けられたか知れない。

昭和三十四年十月二十五日、岡村は明治大学相手に好投し、ノーヒット・ノーランに「あと一歩」と迫っていた。しかし、二対〇で迎えた九回裏、明治最後の攻撃で、先頭の代打山下雪男をデッドボールで出してしまう。

「明治のバッターは、インコースの球に逃げずにぶつかってきました」

と岡村。明治はここで左の代打攻勢をかけた。

しかし、太田泰雄をショートフライ、久米孝一を三振に切ってとり、二死までこぎつける。

「それまで使っていなかったカーブを混ぜたんです。カーブなら確実にストライクが取れましたからね」

なんとか二死を取った岡村だったが、ここで古海《ふるみ》正敏にツー・ツーから五球目のカーブを三遊間に打たれ、ショートへの内野安打となった。

無念、「あとひとり」で岡村はノーヒット・ノーランを逃すのである。昭和二年春季リーグ戦で、名投手東武雄が立教大学を相手に記録して以来の三十二年ぶりの快挙は幻に終わった。

しかも二死一、二塁から、岡村はさらなるピンチに陥る。

山下の代走で出ていた堀北亨が三盗に成功。しかし、一塁ランナーの古海のミスで、ダブルスチールにはならなかった。これは試合後、明治の島岡吉郎監督が大いに嘆く原因となる。

ここで、代打で出た山田洋がワンストライクを取られた後、さらに代打辻佳紀が告げられると、緊迫の場面での両ベンチの駆け引きに観客はヒートアップした。

辻は、ツー・ツーからの五球目をライト前にヒット。代走堀北がホームインするが、古海は一塁から三塁まで進むだけに留まるのである。

島岡監督が「あれがダブルスチールになっていれば」と嘆いた所以である。

九回裏二死、ランナーは一塁三塁、得点は二対一で東大の一点リード。しかし、ノーヒット・ノーランを逃した岡村の方が追い詰められていたと言えるだろう。たまらず東大の渡辺監督がマウンドに向かった。

ピッチャー交代だ。

ここで登場したのが鈴木である。この場面、岡村は自身が執筆した『東大野球部と私―神宮での球跡―』（高知工科大学出版会）に、こう記している。

キャプテンの片桐は、鈴木に代えると盗塁されて、逆転のランナーが二塁に行くからという理由で交代に反対した。私は自分が投げるよりも鈴木が投げたほうが勝つ確率が高いので交代したほうが良いと判断してマウンドを去った。後で聞くと、渡辺さんは私が反対しても断固交代させると固く決心をして、マウンドに来たそうである。

三塁ランナーがホームを踏めば、同点の場面である。

バッターは昭和三十一年夏に甲子園で全国制覇を果たした平安高校のエース岩井喜治だ。

スラッガーとして明治の三番センターに座っていた。

鈴木も、この場面を鮮明に覚えている。

「投げる球は、外角低めのスライダーです。この球で岩井を打ち取ろうと思いました。キャッチャーの高橋とはノーサイン。全部アウトローのスライダーです。カウントがツー・ツーから、引っ張りが得意な岩井はこの球を七球連続レフト線にファウルしたんですよ」

岩井がファウルを打ち上げるたびに、両校の応援席では悲鳴と溜息が交錯した。そして、岩井に投げた十二球目、外角のスライダーをレフトに打ち上げ、ゲームセットになったのである。

前掲の『東大野球部と私―神宮での球跡―』には、岡村がこう記録している。

鈴木は例によって、アウトコーススライダーの連投である。時速100㎞位のスピードだと思うが、全く落ちず水平に曲がる不思議な球である。これを3番岩井はレフトの左にファアールする。スライダーを投げる。レフトの左にファアールする。スライダーを投げる。レフトの左にファアールする。これの繰り返しがいつ果てるともなく続いた。10球を越えたところでついにレフトの守備範囲に上がり、ゲームセット。後で鈴木から聞いた話では、高橋はサインを出さない、スライダーだけを投げろと指示したそうである。もちろん、鈴木もそのつもりであったという。二人の自信と根気の勝利であった。

岡村の最多勝は、鈴木をはじめ多くの仲間のアシストによって成し遂げられたものだった。

高校時代に硬式ボールを握ったこともなかったずぶの素人選手が、夏の甲子園を制した名門出身の選手と戦える場所——それが神宮であり、東大野球部なのだ。

五万人が詰めかけた東大―早大戦

ほかにも、内野手の古館《ふるたち》康生、外野手の飯島悟郎など、いぶし銀のようなプレーを見せるチームメイトに岡村は恵まれた。

しかし、その岡村たちも、優勝、あるいはＡクラスという悲願は、ついに達成できなかった。

特に四年の春のシーズン（昭和三十五年）は、今も心残りだ。

リーグ戦が始まる一週間前、岡村は背中の痛みを覚えた。しかし、開幕二日前にずれていた背骨を整体師に治してもらって逆に肩の力が抜け、快投。立教、早稲田に初の三連勝という快挙を成し遂げ、「東大の優勝か」と、神宮球場に五万人の大観衆が詰めかける事態になったのだ。

この異常なフィーバーは、テレビもＮＨＫばかりか、日本テレビまで東大―早稲田二回戦を放映するという現象をもたらすのである。

当時の神宮球場は、内野の座席が今より狭く、また、外野は芝生席で、詰めさえすれば、いくらでも人が入ることができた。内野に入場できなかった学生たちは、外野席を埋め尽くした。

「あんなに人が一杯いる中で試合をしたのは初めてでした」

と片桐が言えば、鈴木基之は、

「人もすごかったですが、球場に入ったら台風のような風がホームからセンターに向かって吹いていてね。これは大変だ、と思いましたよ」

と述懐する。前日に早稲田を完封した岡村に代わって先発した鈴木は、その向かい風を利用して絶妙のピッチングを見せた。

「私は球が遅いから、普通は三振なんかとったことがないんですよ。でも、その向かい風のおかげで変化球が面白いように曲がるわけです。スライダーは、最後に曲がりますから、いい感じでキレがよかったんでしょうね。その日は、四者連続三振というのがあるんです。これ、回をまたいでのことですが、四番の徳武（定祐《さだゆき》）を含む四者連続三振なんです。あとにも先にも、このときだけです。五回で岡村にマウンドを譲りましたが、あの試合は本当に惜しかったですよ」

早稲田のエースは安藤元博。この年の秋、歴史に残る早慶六連戦をやってのけるピッチャーである。

早慶六連戦で五試合に完投した安藤は、特に第三戦から四試合連続で完投し、四十九イニング計五百六十四球を投げ抜き、今も早稲田の歴史に燦然《さんぜん》と輝く大投手だ。

その安藤に、東大打線は、結局、わずか「一安打」で完封負けを喫するのである。下手からコーナーワークをついた安藤の絶妙のピッチングには、六大学の強打者たちも沈黙した。東大打線に〝安藤攻略〟は荷が重かっただろう。

一方、早稲田は五回から登板した岡村から、徳武のタイムリーヒットによって六回に貴重な一点を奪取する。そして、そのまま一対〇で逃げ切るのだ。

主将の片桐はこう語る。

「安藤の球をまったく打てませんでした。落ちる球を打たされて、みんなゴロになったような気がしますね。低めの球が来て、それを捨てられなかったんです。やっぱり、ストライクに見えますから、打ちにいくと空振りだったり、ゴロになった印象があります。低めの球を捨てることに気がつけばよかったのかもしれませんが、なにしろ（安藤を）打てなかったですよ」

この敗北は大きかった。息詰まる投手戦の末に、東大は五万の大観衆の前で「力尽きた」のである。

東大の快進撃もそこでピリオドを打ち、以後、東大は連敗し、結局、最下位に沈んでいる。

東大にとって「優勝」とは、伝説の最多勝投手を擁してもなお、叶わぬ夢だったのである。

この東京六大学の春のリーグ戦は、日本が六〇年安保闘争で揺れた時期とまったく重なっている。

六月五日、リーグ最終戦の早慶二回戦で慶應が勝利し、リーグ戦は法政の優勝となる。

アイゼンハワー大統領の訪日日程を協議するため来日したジェームス・ハガチー大統領報道官が羽田でデモ隊に包囲されて動けなくなり、アメリカ海兵隊のヘリコプターで救出されるという「ハガチー事件」が起こったのは、五日後の六月十日のことである。

そして、国会正門前で機動隊とデモ隊が衝突し、東大生の樺《かんば》美智子が圧死するのは、さらにその五日後の六月十五日のことだ。この日、国会周辺での逮捕者は二百名を超え、学生、機動隊員双方の負傷者は合わせて七百名に達し、日米安保条約は、自然成立する。

ちなみに日本社会党委員長・浅沼稲次郎が日比谷公会堂で十七歳の右翼少年、山口二矢《おとや》に刺殺されたのは、この年の秋のリーグ戦の真っ只中でのことである。刺殺事件の三週間後におこなわれた先の早慶六連戦に集まった観衆は、総計で三十八万人を超えた。

騒然とした世相の中、ある意味、東京六大学も「最盛期を迎えていた」と言えるだろう。

東大野球部の夢とは何か

岡村の成績は、一年は〇勝〇敗、二年は七勝九敗、三年は四勝十六敗、四年は六勝十敗――通算十七勝三十五敗、防御率二・九〇。登板した試合は実に七十一試合、投球イニングは四百五十イニング三分の一にまで及んだ。

これらの数字は、歴代の東大投手陣の中でも抜きん出ている。

現役を引退後、岡村は東大野球部でも助監督や監督を務めている。東大で教授、工学部長を務め、土木学会会長なども歴任した岡村は、六十二歳からは故郷・土佐に帰り、県立高知工科大学の学長も務めた。同大学の野球部は、学長自ら強化に動き、四国でも有数の野球が盛んな大学となっている。

岡村は、東大野球部にとっての優勝について、独特な解釈を披露してくれた。

「東大野球部の優勝は〝夢〟です。夢がたとえ実現しなくても、その夢に向かっていけばいいんじゃないかと思います。今シーズン優勝すると言ったら、それは、ただのバカです。〝やがては優勝できるチームに向かって、われわれは進んで行く〟というのと、〝今シーズン優勝する〟というのは違うんですよ。私は、今シーズン優勝するとか、三位になるとか、ひと言も言ったことがないんです。

とにかく、甘い球が来たら打って、チャンスを三回か四回つくって、その一回をものにすればいい。その中で、三点か四点を取ればいい。それが、とりあえずの目標です。それを、ずっとつくり上げて続けていれば、いいピッチャーが来たときがチャンスなんです。十年にひとりぐらいは出てくるものですからね。そのときがチャンスなんです。だから監督をしていたときも、あまり順位は気にならなかったですね」

岡村は監督を引き受けたとき、〝十年やったら優勝するチーム〟をつくろうとしたという。

「たとえばバッティングだと、東大に入ってくる人の特徴は、たくさん打ったことがないんですよ。打つ練習をしていないんです。だから、私が二百球投げたのと同じように、毎日二百本打てばいい。練習で二百本打ったら、打てるようになります。打ちやすい球を打たなければダメなんですよ。それをフィードバックできる機構を持っていないといけない。自分がいま打った球がどこへ飛んでいるか。一回の結果を次のスイングに戻すというのを〝百球やる〟んですよ。

私は、〝遠くへ打て〟と言っているんです。遠くへ飛んだのはいいフォームだ、と。だから、当たって遠くへ飛んだかどうかを見て、飛ばなかったら別の工夫をしてやってみる。

これを毎日やっていると、どうやったら遠くへ飛ぶかがわかるでしょう。それがいいフォームなんです。いいフォームというのは、人によってそれぞれ違うし、自分で見つけていかなければいけないんです。そういうシステムですね。

だから、私はバッターに、どうしろ、と言ったことがない。とにかく、ゆるい球を思い切り、たくさん打て、と。ほかのことを犠牲にして、百本は思い切り打つということをバカみたいに全員にやらせたんです。硬式がダメだったらソフトボールでもいい。フィードバックさえできれば、それで必ずバッティングが伸びるんですよ。だから、そのための頭を持たなきゃいけないんです」

バッティングや守備が他大学のレベルに近づけば、あとはピッチャー次第になる。

「いつ、いいピッチャーが入ってくるかわからない。しかし、十年待てばひとりぐらいは入ってくる。そのときに優勝しよう。それだけの守備力、攻撃力をつくりたいという形でやってきて、優勝がそこにあって、そこに対して毎年毎年、どうやって近づいていくかということが大事だと思っているんです。夢を掲げ続けることと、それを意識することを忘れてはいけない、と私は思います。私は常に夢想家ですから、夢を持ってやっていればいつかは叶う、と思っています。叶わないほうが多いですけどね……」

「東大優勝」という見果てぬ夢を、岡村は七十九歳の現在も、追い求めているのである。

第四章　赤門旋風

昭和五十六年春の新聞は
「赤門旋風」で燃えた

「東大に何が起こっているのか」

「あの当たりが、もし抜けていたら……」

スポーツの世界で「たられば」の話は許されないが、それでも何十年経っても語り継がれる「たられば」が存在するのも事実である。

神宮球場に〝赤門旋風〟が吹き荒れた昭和五十六年春、大袈裟ではなく、東大がひょっとして「初優勝するかもしれない」というケースがあったことをご存じだろうか。

それがなぜ実現しなかったか。

そのありえない奇跡を封じた「選手」がおり、一瞬の「プレー」が存在した。それは、片方からみれば痛恨のものであり、逆からみれば栄光のプレーとなる。そのときから四十年以上が経過しても、

「あのプレーで人生が変わった」

と、当事者はその瞬間を噛みしめている。そんな奇跡の物語を紹介したい。

アメリカでレーガン政権が誕生し、中国では毛沢東の妻・江青に死刑判決が下った昭和

五十六（一九八一）年、東京六大学リーグは開幕戦から、なにやら〝不穏な〟空気が漂っていた。

　甲子園を制覇したPL学園の西田真二、木戸克彦、一年下の小早川毅彦、あるいは智弁学園の米田《こめだ》保伸、中葉《なかば》伸二郎の三遊間、そして、鳴門高校の川端順、池田孝秀といったスターがずらりと並んだ法政大学。「第三期黄金時代」を迎えたと言われたその優勝候補が、開会式直後の開幕戦で「東京大学に敗れた」のである。

東大、法大を倒す殊勲
十安打の猛攻　四年ぶり開幕戦飾る

　新聞は快挙をそんな見出しで報じた。

　スター軍団・法政が東大に敗れたことは、たしかに大番狂わせだったことは間違いない。しかし、東大はこの法政戦で勝ち点こそ逃すものの、翌週の早稲田戦に連続完封勝利し、その次の慶應戦にも初戦を落としたあと連勝して、早慶から一挙に勝ち点二を挙げた。

　早慶から同一シーズンに勝ち点を奪ったのは、東大史上初めての快挙だ。

　東大にいったい何が起こっているんだ——？

世にいう〝赤門旋風〟が巻き起こったのも当然だった。

しかも、このときの東大のエース大山雄司は、どこから見ても「普通のピッチャー」であり、そんな大それたことを成し遂げようとは誰も考えてはいなかった。

他大学の剛速球投手とは一線を画しており、敢えて特徴を言えば、ウォームハート・クールマインド。旺盛な闘志と、一方で巧みに相手打者の打ち気を外し、翻弄する憎たらしいほどに冷静な投手と言えた。

大山は四年間で「十勝」を挙げている。そして、戦病死した東武雄投手に並ぶ東大史上一シーズン最多の「五勝」も挙げた。

強豪チームであろうと臆することなく飄々《ひょうひょう》と投げつづけた大山。いったいなぜ大山は名だたるスター選手たちを手玉にとることができたのだろうか。

いきなり三十五連敗

昭和三十四年四月に東京・世田谷で生まれた大山は、典型的な〝長嶋世代〟である。子供の頃から野球はサードが一番の花形だった。じゃんけんで負けた人間が「しぶしぶピッチャーをやる」時代で、大山もピッチャーの経験はほとんどない。

小学校から家の近所にあった東京学芸大附属に通った大山は、中学で野球部に入っても、もちろんサード。ピッチャーなど考えもしなかった。打順は、言うまでもなく長嶋の「四番」である。

だが、学芸大附属高校に進学すると、チームにストライクが入るピッチャーがいなかったことから、コントロールのいい大山に白羽の矢が立った。

「ショートをやってたやつが肩もよくて、うまかったんですが、ショートは守備の要ですから外せない。それで、サードの私がピッチャーをやることになりました。高校時代の球種は、ストレート、カーブ、シュートの三種類。これだけでした。スピードも、たぶん一一八キロ程度だったと思いますよ」

大山は、ピッチャーをやるようになった経緯をそう説明した。そんな大山が東大野球部を意識し始めるのは、高校二年のときだ。

「夏の大会が終わったぐらいのとき、漠然と神宮で野球をやりたいなあ、と思いました。しかし、野球をやったとしても、やっぱり出場できなきゃつまらないじゃないですか。神宮で野球ができて、しかも出場できるとしたら東大しかないよなと考えたんです。学芸大附属は、当時、東大の合格者数が毎年百人ぐらいで、現役では五、六十人というところでした。一学年は三百七十人ぐらいいますが、百五十番目ぐらいまでは（合格の）可能性があるんです。私は理一を志望したんですが、ここは合格者数が一番多いところなんです。それで、ここだ、と思いましたね」

大山の父親は高校の数学教師だった。その関係で直々に父親から数学を学んだ大山は、これだけは得意科目となった。入試のときには、父親に数学の〝ヤマ〟までかけてもらって、それが的中。そんな幸運に恵まれた大山は、昭和五十三年に無事、現役で合格するのである。

「しかし、われわれが入部して、いきなり東大は三十五連敗を喫しました。入試に合格して、入学する前の三月中旬から練習に行ったんですが、上の代の部員が少なく、登録選手でも二十人ほどしかいませんでした。私たちの代は人数が結構いて、ドバッと選手が入ったんです。みんなどちらかというと野球をやりたいために、なんとか頑張って東大に来た、みたいなのが多かったんですよ」

監督は体育学を東大で教える渡辺融、コーチは大学院生の平野裕一だった。

「高校のときにピッチャーをやっていたのがバレていたので、監督から〝おまえ、ピッチャーの練習をしろ〟と言われて、結局、サードに戻ることができなかったんです」

大山はそう苦笑いした。しかし、身長百七十センチ、体重六十八キロのなんの変哲もないこの男は、なぜか「結果」を出していく。

一年のときはチーム全体に勝ち星はなし。二年のときも春のシーズンは全敗だった。しかし、人数が多かったこの学年には個性派が揃い、彼らの力が上がってくるにつれ、じわりじわりとチーム力は向上していった。

大きかったのは、大学院生の平野コーチの存在である。平野はトレーニング科学を研究しており、さまざまな肉体改造をチームにもたらした。

のちに国立スポーツ科学センタースポーツ科学研究部長を務め、現在は法政大学でトレーニング科学を教える平野は、こう語る。

「一年コーチとしてやって、渡辺先生が一年だけ監督をやられて大沼（徹）監督に代わったので、私が助監督になりました。大沼さんは私より四年上で、大学院の博士課程の終わりぐらいで残っておられたんです。専門は運動学習。主に技術指導を大沼さんがやられて、トレーニングは私がやる、という組み合わせで二年間やったんです。基本的な身体作りのトレーニングをして、それで技術的なところを上乗せする、ということです。大沼さんは卒業されて千葉経済大学に勤めたので、私が監督となりました。赤門旋風のときのメンバーとは、一年で入ってきた時から一緒にやっています。成長期は終わっていますけれども、まだまだ若いですからトレーニングすればちゃんと肉がつきますよね。個人ごとにメニューをつくって、それをやらせました」

個人ごとのメニューによって、他大学の野球エリートたちに負けない身体づくりを平野は徹底してやらせたのである。

ヴェールを脱いだ〝個性派集団〟

「われわれは、平野さんの〝モルモット〟だったんですよ。しかし、それぞれが懸命にそのメニューをこなしました」

大山が冗談混じりに明かすように、この代が最高学年になったときは、体力面でも法政や明治に劣らないチームになっていた。

「器具も使ってトレーニングをしましたからね。当時にしては、けっこう先駆けた機械もありました。私は筋トレがあまり好きじゃなかったですが、下半身のスクワットとかは効きましたね。スクワットといっても何種類かありましてね。当時は、ピッチャーはあまり上半身に筋肉をつけない方がいいと言われていたので、上半身はあまりやりませんでした。平野さんがつくったメニューに従ってやりました」

もちろん向上したのは、体力だけではない。野球技術、戦術、連携プレー……一点を取って、一点を凌ぐための猛練習がつづいた。

「われわれは、東大にしてはスキルが高かった代だと思いますよ。スラッガーというと四番を打った下嶋忍で、プリンスホテルに行きました。打率が一番よかったのはキャプテンになった大久保裕で三菱自動車に行きましたね。外野の前ぐらいにポトンと落とす感じのヒットが絶妙でした。一番は石井清。千葉高校出身で、大学に入ってから左打ちに変えた男です。足が速くて、かなりの出塁率を誇っていました。社会人の日本生命でも野球をやりましたよ」

特に下嶋は、東大で通算最多本塁打（六本）と通算最多安打（七十本）の記録を両方持つことになる主砲だ。ほかにも、個性豊かな選手がいた。

「二番の相賀《あいが》英夫はセカンドで岡山玉野高校の出身。六大学でベストナインに選ばれ、その後、社会人の新日鉄君津に入って野球を続けた男です。バントなど、ほぼ百パーセント成功していました。五番の中野伸之は社会人ではやらなかったんですが、富山の高岡高校で富山県大会の決勝まで行った男でした。下嶋の陰で目立たなかったですが、かなり打ちましたよ。

六番が前田卓郎。一学年下でしたけど浪人だから歳は一緒。彼もしぶとかった。七番が電通に行った篠原一郎。八番がピッチャーで、九番はキャッチャーの坂本二朗。こいつもよかったですね。社会人では、協和発酵でレギュラーを張りました。

私がもし野手に徹していたら、いま思えばサードぐらいは取れたかなとは思いますが、やっぱりチームとしてみれば、これだけの野手が揃っているのだから、〝おまえはピッチャーやれよ〟となるんじゃないかと思います」

レギュラー九人のうち「六人」がのちに社会人で野球をやった代というのは、東大では後にも先にもここしかない。しかも、前述のように、それぞれが「神宮で野球をするためには東大しかない」という〝個性派〟たちだったのである。

「やはり、入学したときから、俺たちの代になったら結構いけるぞ、と思っていました。まあ、ピッチャーが私ですから、球はそんなに速くはない。私自身は〝本格派〟と言っていますが、世間はどうしても〝技巧派〟と言いますね」

ユーモアを交えた大山の話はつづく。スピードは、高校時代に比べると伸びたのだろうか。平野が課した肉体改造は果たして功を奏したのか。

「スピードガンが出始めの頃で、たまたま測ったら、百三十四キロが出ました。それを覗《のぞ》いていた同期のやつらが〝このスピードメーターは壊れている〟と即座に言いました。まわりはみんな、百二十七、八キロぐらいだと思っていたんじゃないでしょうか」

成長するエース

「四年の春までは、真っすぐ、カーブ、それと二種類投げ分けたシュート。あとは、たまにフォークボールを投げたぐらいです。それと、四年の春から秋にスライダーをものすごく練習しました。シュートの二種類は、落とそうとするのと、詰まらせようとするものの二種類です。それぞれ投げ方を変えていました。落とそうとするときは、深めに握って、意識的にひねっています。もうひとつの右バッターを詰まらせようと投げるときは、縫い目を左に寄せて、薬指と中指の間からボールを抜くような感じで投げました。高校のときは四割ぐらいがそのボールでした。典型的なシュートピッチャーだったと思います」

高校三年の最後の夏、予選で負けた相手は駒大高校だった。

「たぶん二十四個のアウトを取ったうち、十五、六個がショートゴロかサードゴロだったと思いますね。そういうピッチングを意識していました。だから大学でも結構、シュートを投げましたね。なんで私ごときが試合になるピッチングができたかというと、この二種類のシュートと、いろんなボールをそれなりのコントロールで投げられるだけのスキルがあったからだと思います」

そのコントロールにも、大山にはこだわりがあった。

「実は、一年の秋もだいぶ先発をしていて、勝つことこそできなかったですが、そこそこいい成績を残しているんです。そこで驕《おご》りが出てしまった。いまになって分析すると、ストライクを投げられるだけのコントロールがあれば、六大学でもなんとかなると舐めた部分があったんじゃないかと思いますね。それで、二年生のときは全然ダメだったんです。

そのとき気がつきました。コントロールといっても、アバウトじゃなくて、つまり、ボールひとつじゃなくて、ボール半分、とよく言いますが、本当にボール半分までのコントロールが必要なんだ、と。〝ズレちゃいけない側には、絶対にズレないコントロール〟、これがすごく大事だなと思いました」

たとえば、右打者のアウトロー、外角低めにストレートを投げるとき、その球がピッチャーから見て「右上」にズレてしまった場合は、打者にとっては、真ん中近くの絶好球となってしまう。その失敗だけは許されない。大山は、これを〝ズレちゃいけない側には、絶対にズレないコントロール〟と表現するのである。

大山が二年のとき、監督が大沼徹に変わった。

「大沼さんからある日、〝腕を下げろ。サイドスローに変えろ〟と言われました。しかし、球は遅くても、自分の中では〝本格派ピッチャー〟ですから、〝横投げは嫌だ。自分には合わない〟と抵抗したんです。大沼さんは私の投げ方を見て、腕が遅れて出てきて、身体が開くのが早いのでこれを直そうとしたんだと思います。典型的なシュートピッチャーであることの裏返しでもあるんですが、身体が開くのが早いので、バッターから見えやすかったわけです。球離れが早いので、つまり、長く球を持っていないから、一流のバッターにはどうしても打たれてしまう。それで大沼さんといろいろ話し合ったんです」

大沼監督からは、「では、マウンドの上できちんと形を作って、身体が前に突っ込まないようにしよう。きちんと腕を上げてから投げるようにすると、いいんじゃないか」とアドバイスを受けた。

「二年の秋から、大沼さんが、かなりつきっ切りで指導してくださったんです。それまでは身体が突っ込むのが早かったわけです。しかし、それを普通の投げ方にすると、バッターにイチ、ニ、サンとタイミングを合わせられやすくなる。だから、それよりも、さらに〝遅め〟にしたんですよ。私の三年、四年のときの投げ方は、金田正一みたいな感じで、マウンドの上でワンステップしてから投げるような感じになっているんです」

まさに「創意と工夫」がつづけられたのである。やがて、それが大きな果実を生んでいく。

「一年の秋には、他大学の選手と比べて、大人と子供ぐらいの体格の差がありました。これはとても歯が立たないなと思いましたが、三年生ぐらいになると、平野さんのトレーニングの成果なのか、そんなに大して違わないんじゃないか、というぐらいになっていました。そのうえで大沼さんとのトレーニングがありましたから、自分自身でも、かなり変わったと思います」

大山が四年になったとき、大沼が監督を退き、平野が助監督から昇格する。

法政や明治に体力的にも負けない。そんな自信を秘めた軍団が、大山らが最高学年の四年となった昭和五十六年春、まさに平野新監督の下、奇跡の旋風を巻き起こすことになるのである。

大型左腕との〝再会〟

史上初めて早稲田を連続完封するという離れ技は、世間をあっと言わせた。しかも、つづく慶應戦も一回戦こそ落とすものの、二回戦、三回戦は連勝。エース大山に加えて、大型左腕・国友充範や、水原《みはら》義孝、大小田《おおこだ》隆という東大投手陣は、充実していた。

しかも、石井、下嶋、中野という身長百八十センチ近い面々が固めた外野陣は、いずれも俊足で肩も強く、本塁での補殺も珍しくなかった。

強肩捕手坂本も盗塁を許さず、内野陣も鉄壁の守備を誇っていた。

「おい、これは本当に東大か」

神宮球場のネット裏では、真顔でそんな会話が交わされていた。

第四週を終えて、東京六大学リーグは首位・明治大学に二位・東京大学という〝ありえない事態〟を迎えていた。

第五週の東大の対戦相手は、立教大学である。

もし、立教から勝ち点を奪えば、第七週の対明治戦で「勝ったほうが優勝」という戦いになる。仮にそうなったら、優勝をかけて東大と戦うという明治のプレッシャーはいかばかりだろうか。

ついに赤門旋風は、「もしかしたら……」というところまでこぎつけるのである。

五月九日から始まった東大−立教戦は、球史に残る激闘となった。

立教大学のエースは、のちに西武ライオンズ入りする大型左腕・野口裕美だ。鳥取県の進学校、米子東高校から、立教大学に一般入試で合格し、たちまちエースにのし上がった男である。

とにかく、球がめっぽう速かった。それだけではない。野口が投げるカーブは、落差がゆうに「一メートル」はあった。

キレと落差抜群の野口のボールは、学生野球の世界で際立っていた。野口は二年春のリーグ戦で、東京六大学で戦後最多となる九十六奪三振を記録した。明治大学の秋山登投手が昭和二十九年春にマークした奪三振記録を十個も上まわるものだった。

貧打に泣いた当時の立教で、マウンドを守る孤高のピッチャー野口についた呼び名は〝セントポールの星〟。

学年こそ大山の一年下だが、二人には、因縁があった。大山は、米子東高校三年時の野口に強烈な印象を持っていたのである。

昭和五十三年夏、鳥取県大会の準決勝で倉吉北（この大会の甲子園出場校）に〇対二で敗れた米子東のエース野口は、その後、上京している。学校の成績も優秀だった野口は伝手《つて》を辿って、六大学の練習を見学に訪れたのである。

野口は、東大野球部のグラウンドにも顔を出した。東大には難しい入学試験があり、他大学のように「セレクション」という名のスカウトの場はない。

しかし、野口は練習用ユニフォームに着替え、東大でも汗を流した。そのときブルペンでたまたまピッチング練習をしていたのが、まだ大学一年生の大山だったのだ。
入念なウォーミングアップののちに野口が投じ始めた球を見て、大山は目を剝《む》いた。左腕からくり出されるストレートは伸びがあり、カーブの落差は尋常なものではなかったのだ。

　思わず大山はこの高校生に声をかけた。

「君、どこなの？」

「米子東です」

百八十センチをはるかに超す長身の高校生は、そう答えた。

（こんなやつに東大に来られたら、オレの出番などとてもないな……）

大山は、野口を見上げながらそう思った。

「野口君はおそらく東大を受験しようかな、ということだったんだと思います。それで東大の練習に来たんだと思うんですよ。私はまだ一年生で、たまたまブルペンで投げていたんです。隣で投げた彼の球は、すごいのひと言でした。正直、〝こいつが来たら、やべえな〟と思いましたね。〝俺はやっぱり野手の方がいいかな〟って考えましたよ」

　それから三年後の昭和五十六年五月、東大のエース大山と、立教の不動のエースに成長していたその野口裕美が、球史に残る死闘を演じることになるのである。

死闘に次ぐ死闘

東大の勢いは、凄まじかった。

早慶から勝ち点を奪った東大の勢いは、第一戦に先発した野口をも呑み込んだ。いや、立教の守備陣全体を呑み込んだと表現したほうがいいかもしれない。

立教が三回に二点、四回にも二点を取って四対〇とリードしたにもかかわらず、東大打線は野口に食い下がった。四回裏には二点、そして、立教内野陣が連続でエラーを喫するなど、次の五回には東大が三点を挙げて逆転する。野口は、四回三分の一を投げたところで、無念の交代を余儀なくされた。東大の気迫が立教の守備陣を浮き足立たせていたのである。

立教の山本泰郎監督にすれば、イニングの浅いところで交代させ、エース野口を翌日の試合にも登板させようということだったのかもしれない。

東大の先発大山は、十二安打に四つの四球を与えるなど、調子はお世辞にもいいとは言えなかった。しかし、身上の粘りの投球で、結局、十対五のダブルスコアで初戦をものにするのである。

赤門旋風、ついに立教も呑み込む——。

マスコミも沸き立った。東大が早くも「六勝」を挙げたことで、いよいよ優勝が夢ではなく「現実」として近づいてきたのである。一シーズン六勝は、言うまでもなく東大史上初めてのことだった。

翌五月十日付の朝日新聞は、〈東大　シーズン6勝の新記録　おびえる立大、ミス連続〉の見出しで、こう報じている。

> 第一試合は０－４とリードされた東大が、立大守備陣の乱れにつけ込んで五回に逆転、七回には一挙5点を加えて快勝、今シーズン六勝目を記録した。完投勝利の大山（学芸大付高出、四年）は負けなしの五連勝。東大が一シーズンで六勝をあげたのはリーグ戦史上初めて。四校から勝ち星をあげたのは三十三年秋以来で通算三度目、一試合で10点を奪ったのは三十三年春の明大戦以来である。

注目すべきは、〈ウチと東大で決戦　驚く明大島岡監督〉という見出しのもとに明治の島岡吉郎監督のこんなコメントが紹介されたことだろう。

今季、自己の記録を次々と塗り替えてきた東大が、またまた「史上初」を記録した。今度はシーズン最多勝。それも二十三年ぶりの二けた得点というおまけ付きで、六勝目をものにした。波に乗った東大の快進撃は続く。

観戦中の明大・島岡監督が「ウーン、東大は強いよ。こりゃあ、明治と東大の試合が優勝戦になる。それにしても世の中変わったなあ」と感心したのは、東大が五回に逆転したときだった。

先発大山の不調で一時は0－4とリードされ、相手投手は東京六大学一の左腕といわれる野口。戦況は完全に不利なはずだったが、四回に相手ミスと三角の好走で2点差に追い上げると、がぜん勢いづいた。五回には走者一、三塁の形から盛んに走りまくって立大内野陣をかきまわし、勝ち越し点もきょう殺プレーの間に得た。

一戦ごとに選手も自信を増している。「ぼくは悪かったが、みなが何とかしてくれると思った」という大山の言葉通り、打線は七回に打者九人を送る猛攻で援護した。その大山も一シーズン五勝は、東大投手のタイ記録。持てる力をフルに発揮する選手たちをバックに平野監督の口調も、控えめながら強気を帯びてきた。「相手の失敗もあったが、10点を取れたということは優位に立って第二戦に臨めますね」

もはや東京六大学の名物監督・島岡をして、「東大を叩かなければ優勝はない」と言わしめるまでに実力をつけていたのである。

東大は全学を「休校」に

翌五月十日の日曜日は、赤門旋風をこの目で見ようと、大観衆が押し寄せた。

息詰まる試合は、前日に続いて先発した立教・野口の速球とカーブが冴えわたり、東大打線はヒット六本に封じられた。一方、立教は、五番レフト千葉進の逆転のスリーラン一発で、三対一で雪辱。水原義孝、大小田隆、国友充範という東大の小刻みな投手リレーも及ばず、一勝一敗のタイ。いよいよ決戦の第三戦を迎えるのである。

五月十一日、月曜日――。

東大―立教の第三戦、この日の異様な熱気は今も語り継がれている。月曜日のこの日、東大はなんと全学を「休校」とした。学生、職員全員で神宮球場にくり出し、野球部を応援せよ、との異例の指示である。

神宮は、東大生、そしてOB、さらには東大野球部のファンが詰めかけ、立教を圧倒した。まさに東大野球部史上最高の盛り上がりとなったのである。

テレビ局がこの歴史的な一戦を見逃すはずがなかった。

民放のＴＢＳが、急遽、試合を中継することになる。それも人気ワイドショーの放映時間を試合中継にあてるという異例の措置だった。

最多勝を挙げたあの岡村甫投手の昭和三十五年春、「東大優勝か」と色めき立った対早稲田戦を日本テレビが放映して以来のことである。

なにからなにまで異例ずくめのこの試合は、東大・大山、立教・野口の両エースの先発で始まった。野口は三試合連続の先発である。さすがに疲労の色は隠せなかった。

だが、気力をふり絞って投げる野口の投球には鬼気迫るものがあった。

「あの日は、グラウンドに入ったらすごいことになっていましたね。完全に球場全体が東大の応援という感じになっていました。よし、どうせ悪者なら悪者で、最後まで悪者で通してやろう、と思いました。もちろん、肩はパンパンに張っていましたが、絶対に負けられないと思いました。僕は、リーグ戦で普通に三連投はしていましたので、連投への不満も不安もなかったですね。とにかく、絶対に勝つ、という感じでした」

野口は、一勝一敗で「決戦」に臨んだとき、そう決意したのである。

果たして東大打線は、気迫あふれる野口の鋭く落ちるカーブ、昔の表現で言えば〝ドロップ〟をバットの芯《しん》で捉えることはできなかった。野口のボールが、学生野球のレベルで打てるようなものでなかったことは確かだろう。

野口は、いつこの投球を会得したのか。

「高校一年のときから、このボールを投げていました。硬式ボールをもらったときは、もう投げていたと思います。中学は鳥取県の地元の法勝寺《ほうしょうじ》中学と言います。ここで野球を始めたんですが、三年生のときに鳥取県大会で優勝しているんです。もちろん軟式です。もうそのときから、このボールを投げていたかもしれません。僕らは『巨人の星』を観て育った世代です。だから普通に、甲子園に行って、プロ野球選手になるんだ、と思っていましたね」

どんな投げ方をしたら、あれほどのボールになるのだろうか。

「ドロップ、いわゆる縦のカーブですが、これは親指ではじくんです。親指を縫い目にかけ、親指の真ん中にある内側のところで、ひねるというか、はじく感じですね。爪じゃなくて腹のほうです。親指は曲げてボールを握っていますから、ボールの縫い目がその親指の第一関節の内側のところにかぶさっているんですよ。

そこをグッと左へ曲げると、人差し指と親指の真ん中に円みたいなのができるから、そこをキュッとひっかけて抜くような感じで投げるんです。自分でこれが一番縦に曲がるから、高一のときからこれでいこうと思って投げていました。ああいう投げ方をする人は、なかなか少なかったと思います」

打者の側から見れば〝魔球〟とも言うべきボールを、野口自身はそう解説してくれた。

東大打線の中核は、やはりスラッガーの四番・下嶋だ。甘い球はスタンドに放り込むパワーがあるだけに徹底的にマークした。

「やっぱり下嶋さんの一発は警戒しました。下嶋さんには、インコースのまっすぐの甘い球が一番危ないと思いました。だから、インコースはボールでいい、という感じで投げました。ウィニング・ショットは縦のカーブなので、それを最後の決め球にして、そこまでの組み立てを考えました。最後はこの縦のカーブをストライクではなく、ワンバウンドさせるぐらいの球にして、それを振ってもらうという攻め方です。それで下嶋さんには打たれてはいないという記憶があります」

下嶋はこの日、五打数ノーヒット、４三振を喫している。三番・大久保裕が二安打、五番・中野伸之が二安打しているだけに、立教バッテリーは見事、主砲の下嶋を封じることで東大打線の〝分断〟に成功したのである。

「やはり、野口はすごかったですよ。長身の彼がマウンドに聳《そび》え立っていましたね。スピードもすごかったし、カーブが縦にガーッときてね。落差が本当に大きかった。素晴らしい投球でした」

大山は、かつての敵をそう讃えた。

○対○の息詰まる両エースの投げ合いは、後半を迎えても変化を見せなかった。六回、七回、八回……膨れ上がった東大応援団の声援は、次第に絶叫へと変わっていく。

九回を迎え、ここで立教は野手の交代を命じた。

三番サードの三年の篠田雅浩に代えて、四年生の丸谷《まるたに》栄治を起用するのである。丸谷は広島商業出身で、全国制覇を果たした名将・迫《さこ》田《た》穆成《よしあき》監督の下で緻《ち》密《みつ》な「広商野球」を徹底的に学んだ選手である。

精神統一をはかるためにナインは〝広商名物〟となった真剣の刃《は》渡《わた》りもおこなった。その猛練習に耐え、丸谷は守備には絶対の自信を持っていた。

この「選手交代」が東大の運命を決し、大きなドラマを生むことになるのだが、それは前日、丸谷が当時の野球部員としては「考えられない行動」に出たことに起因する。

「監督、ちょっとお話があります」

「おう、なんだ。入れ」

エース野口と逆転ホームランの千葉という投打のヒーローのおかげで一勝一敗にはなったものの、赤門旋風のうねりは、立教を圧していた。神宮球場全体が東大の「初優勝」への期待で、立教は完全に悪役になっていたと言っていいだろう。

そのアウェーの空気によって、内野守備に綻《ほころ》びが生じていた。記録にこそ表われていないものの、いつもと違って守備にリズム感が失われていたのだ。肝心なときに硬さが出たのである。

「どうした」

山本監督が丸谷を見た。

「私は、守備に関しては絶対の自信を持っています。そういった局面では、私を使ってください」

丸谷はそう切り出した。なんと、直談判だった。

（……）

体育会の世界では、選手が監督に起用の直訴をすることなどあり得ない。しかし、丸谷は〝敢《あ》えて〟その挙に出た。

立教の打線では、大山を打ち崩すことは難しい。それならば、一点を奪《と》って、凌いで凌いで「守り切る」しかない。そのためには、自分の守備力が必要なはずだ。

丸谷は、真剣にそう信じていた。それが、立教が勝つ方法だ、と。

「わかった」

山本の答えは、明瞭だった。一瞬の間をおいて、山本は、ただ了解したことを丸谷に伝えた。たったその一言だけだった。

そして、緊迫の試合のなかで、丸谷は立教の三番・サード篠田が九回表で凡退した際、監督から、

「丸谷、行け！」

と〝出陣〟を命じられたのである。まさかこの起用が、東大－立教戦の明暗を分ける最大のポイントになるとは、おそらく山本監督も、当の丸谷自身も、想像だにしていなかったに違いない。

運命の十二回裏

延長に入っても試合は息詰まる投手戦だった。

一点も許してなるものか。両エースの気迫が打撃陣の闘志を上まわっていた。

延長十二回裏、ヒットと四球で東大は野口を一死一、二塁と攻めたてた。いよいよ最後の攻防である。延長は、連盟の規定により十二回で打ち切られる。十二回表の立教の攻撃を凌いだ段階で、この試合での東大の「負け」はなくなっていた。

野口の疲労は、明らかに限界を超えていた。

「勝ちがなくなったことで、やはり精神的にきつかったですね。ここを抑えても、さらに次の試合があるわけですから」

身体を支えているのは、勝負の世界に生きる人間の想像を絶する気力だけだっただろう。バッターボックスに入る大山も、とっくに限界を超えている。

「アドレナリンがあふれていたから、なんとか投げられたんだと思います」

そう語る大山は、二塁ランナーをなんとしても迎え入れなければならなかった。

(ここで大山さんか……)

野口は嫌な気持ちになった。大山は、赤門旋風の中心である。大山の闘志あふれる投球が、ここまで東大を押し上げたのは明らかだ。そのうえバッティングもいい。その「主役」が最後の場面で登場してきたのである。

「この春の快進撃というのは大山さんが引っ張っていて、当然スラッガーの下嶋さんとか、ほかの方もおられたんですけれども、やっぱり大山さんが象徴みたいな形になっていましたからね」

野口の思いは、当然である。立教にとっては、最後の最後に、最も嫌なバッターが現われたのである。

カウントはワン・ツー。両者とも、とにかく絶対に勝たなければならなかった。

大山は、インコースの〝ストレート〟に賭けていた。回が進んでも威力が衰えない野口のカーブを自分の力では、打てない。

（絶対に来る！）

インコースのストレートを野口は絶対に投げて来る。一打席に一球は必ず野口は投げて来る。大山はその球に賭けていたのである。一方、野口は、

「やっぱり、ウィニング・ショットはカーブで決めようと思っていたと思います。ワン・ツーになった時点で、ウィニング・ショットの前に、インコースの厳しいところでカウントを取ろうと思ったんだと思います。それがちょっと甘くなったんですね……」

（来た！）

待ちに待ったその球に、大山の身体は反応していた。

カンッ！　乾いた音とともに、打球は三塁線を襲った。

抜ける！

打った大山も、投げた野口も、いや、球場に駆けつけていた観客すべてがそう思っただろう。しかし、次の瞬間、その球に立教のサード丸谷栄治が飛びついていた。

（あっ）

観客が声を発したときには、猛烈な三塁線ぎりぎりのゴロが、すっぽりと丸谷のグラブ

に収まっていた。

観客の悲鳴と歓声が交錯する中、丸谷はそのまま三塁にベースタッチ！

「アウト！」

三塁塁審の無情な声がグラウンドに響いた。

どよめきは、なかなか収まらなかった。前日に監督に直訴した丸谷が、まさに立教を崖っぷちで救ったのである。

「あのシーンは、よく覚えています。あれは、私の人生を変えるプレーになりましたから」

丸谷は、感慨深げに振り返る。

「あそこは東大のサヨナラの場面ですから、当然、二塁ランナーをホームに返すわけにはいきませんでした。しかし、三遊間をたとえ抜かれたとしても、外野は本塁で二塁ランナーを刺すべく前進守備を敷いていました。かなりの確率で二塁ランナーをホームで刺すことができると思いました。それなら三遊間を詰めるよりも、意識をむしろ三塁線に置こうと考えたんです。三塁線を抜かれたら、これはもうどうしようもありませんからね。だから、あのとき私は三塁線を意識しながら、ポジションをとっていたんです」

さすが広島商業の出身というほかない。一球一球、球種によって微妙にポジショニングを変える広商野球。その出身である丸谷が、わざわざ監督に訴えてまで起用してもらったのには根拠があったのだ。まさに土壇場で丸谷は有言実行の美技を披露したことになる。

それにしても、丸谷にとって「人生を変えるプレー」だったというのは、どういう意味なのだろうか。

「実は、あのプレーが認められて、秋にはレギュラーの座を勝ち取ったんです。そして、卒業後は東京海上火災に入社できることになりました。すべてあのプレーのおかげです。だから、あの場面は、今も忘れることができないんですよ」

詰めかけた大観衆に強烈な印象を残した丸谷のプレーは、立教の山本監督の胸にもしっかりと刻み込まれ、それが秋のリーグ戦での「レギュラー抜擢」につながるのである。

結局、二死一、二塁で大山のあとに登場したキャッチャーの坂本も野口に打ち取られ、引き分け再試合となった。

朝日新聞は、翌五月十二日付朝刊で〈東・立は譲らず引き分け〉とこう報じている。

　延長十二回、東大最後の攻撃は、安打と四球で一死一、二塁。ここで大山の一打は三塁線を襲ったが、三塁手の丸谷が好捕して三封。この援護で気合が入った野口は、次打者の坂本を三ゴロにうち取り、引き分けに持ち込んだ。

それにしても、大山と野口は互いに譲らぬ好投をみせた。大山は変化球の制球が良く、間合いもうまくとってリズム感にあふれた投球。野口は、一回こそ2四球と制球に不安を見せたが、二回からは大きく曲がり落ちるカーブが小気味よく決まって、速球に的を絞る東大に散発打しか許さなかった。二度の併殺でピンチを切り抜けた東大、立大は丸谷の好守と、バックも両投手をもりたてた。

記事は、大山と野口の両投手を〈燃えるエース二人〉と題してこう描いている。

「ここまできたら、もちろん明日（十二日）も投げ抜きます」と立大・野口に東大の大山。互いの持ち味を発揮し合って、ともに延長十二回を抑え切った両投手は試合後、異口同音に自分の腕で十二日の決戦に決着をつけることを誓っていた。過去、こんなに東立戦が燃えたことは珍しいが、その立役者は間違いなくこの二人だ。

大山は「あれが抜けていたら、いまごろはグラウンドを飛びはねていたのに」。大山はいかにも大魚を逃したといった口ぶりで、十二回の三塁線への打球を悔しがった。今季、大山は翌日の試合についてきかれると、いつも、「自分の力を出しきるだけ」と答えたものだが、この日ばかりは違った。「明日は絶対勝つ」。初めて勝利宣言をした。

野口は「あーあ」。十二回を投げ抜いて、まずタメ息。十二回の大山の三塁線の一打は「抜けたと思った」そうだ。これを丸谷の美技に救われ、最後の坂本も無事うち取って窮《きゅう》地《ち》を脱した。「優勝よりも、いまは東大に負けたくない」。野口の頭には、いまや〝打倒東大〟しかない。

各紙が報じたように、最後の場面は、まさに運命の一打だった。大山の悔しさは、今も胸の中にある。

「丸谷のグラブに打球がスポンと入った瞬間は、走り始めた私の目にも飛び込みました。しかし、当時は、ああ惜しかった、残念！　という感じだったんですけど、何年経っても、やはり、あの瞬間のことが出てくるんですよね。正直、時間が経つごとにだんだん悔しくなってきましたよ。

今でも打った瞬間の夢は見ますよね。カウントはワン・ツーだったように思います。待っていたのはインコースの真っすぐでした。そして、その甘いのが来たんです。来たっと思う間もなく打っていました。芯を食いましたから、いい当たりだったと思います。手ごたえがありました」

一方の野口は今、どう振り返るだろうか。

「丸谷さんが前日に、監督に〝俺を出してくれ〟と言ったことは知らなかったですね。でも、丸谷さんらしいと思います。ガッツマンでした。大山さんの打球は、ジャストミートで三塁線を抜けたと思って〝負けた！〟と、瞬間的に思いました。でも、丸谷さんが横っ飛びですよ。学生野球で、監督に〝俺を出してくれ〟と訴えるというのは、あまりないです。丸谷さんだからできたことですよ。闘志あふれる先輩で、さすが広商という方でした」

試合が引き分けに終わったとき、野口は誰にも気づかれないように、小さく溜息をついた。

「試合が終わって整列したとき、ぼくはそうっと溜息をつきました。その溜息は、言い方は悪いんですが、東大から勝ち点を挙げるのに、これほどの苦労をしなければいけないのか、というのがひとつです。それから、東大はこの春強かったのでしょうがないとしても、もうひとつは、もう一試合やらないといけないのか、という気持ちからだったと思います。

その日の夜、雨が降り出したんですが、そのときは、(雨で順延になって)明日は一日休ませて欲しいと思いました。一日空くと、気分的にリフレッシュできるのと、身体の調子も全然違うんです。そう願ったことを覚えていますね」

東大―立教戦は、まさに両チームが死力を尽くした「根比べ」の様相を呈していた。

〝恵みの雨〟はどちらに微笑んだのか

夜、降り始めた雨は、野口の心をほっとさせた。翌五月十二日火曜日は、望みどおり、雨天順延となるのである。

野口の肩は、この一日の休みで驚異的な回復を見せた。四日間の「四連投」と、五日間での「四連投」では、まるで違う。野口の心は軽くなった。

「一日空いてまったく違う状態になりました。それでも身体はやはり重いですが、最初からカーブを多めに投げました。身体が動かなくて腕が振れないときは、僕は意識してカーブを多く投げるようにしていました。そうするとひじが柔らかくなって、真っすぐも走るようになる。感覚としてカーブを多投すると〝腕が振れる〟ようになるんです。

この四試合目は三振が少なくて、東大打線は内野ゴロが多かったと思います。結果的に、低めのカーブを打たせて取るという感じでした。向こうのバッターは、タイミングをずらされていて、芯にちゃんと当たっていない印象でした」

五月十三日水曜日は、またしても「一点」をめぐる死闘となった。

二回表、東大が四番下嶋のレフト前ヒット、五番中野のバントがフィルダースチョイスになるなど、一死二、三塁の絶好の先制のチャンスを摑む。さすがに疲労の色が隠せない野口。しかし、ここで七番ファーストの小田口が三塁のファウルフライ、八番の大山もセンターフライに終わり、好機を逸した。

つづく三回表にも、東大はラストバッターの坂本がライトオーバーの二塁打。これをバントで送って、またも一死三塁の好機を摑む。しかし、二番相賀のセンターフライがやや浅く、三塁ランナーの坂本はホームを突けない。つづく三番キャプテン大久保がセンター左への痛烈なライナーを飛ばすが、立教のセンター荻原がこれを好捕した。

センターへの打球の順番さえ逆だったら、ゆうゆう東大の先制点だった。チャンスを摑みながら、攻めあぐねる東大に、次第に嫌な空気が漂い始めた。

立教は二回戦で逆転のスリーランを放ち、ラッキーボーイとなっていた五番レフトの千葉が六回裏、二死一、二塁で登場する。

千葉はフルカウントまで粘り、六球目の外側のストレートをしぶとくセンター前に弾き返した。

（あっ）

東大応援スタンドから音と声が消えた。

呆然とした空気の中、立教は一点をもぎ取った。立教スタンドから、一瞬の間を置いて、拍手と歓声が沸き起こった。

立教にとって、待望の「一点」だった。

「千葉に打たれたセンター前ヒットは、そんなにいい当たりじゃないんですよ。ホームとマウンドの間でワンバウンドして、次にセカンドベースの手前で、もう一度、ワンバウンドしてセンターに抜けていったんです」

痛恨の一打を大山は忘れられない。

「自分では捕れないし、セカンドも届かないあたりを、コンコンコンと抜かれて一点を取られました。あのシーンは生涯、記憶から離れないでしょうね。フルカウントのアウトコースの真っすぐでした。いま思えば、コースは悪くなかったんですけれども、やや高かったんですね。千葉はそんなに打つタイプじゃないので、この東大戦はたまたま打っていた印象でした」

野口にとって、その一点はどれほど大きなものだったのか。

「千葉さんが最後にヒットを打ってくれました。千葉さんはバットをすごく短く持ってジャストミートする選手なんです。身長は百七十ちょっとで、それほど高いほうではありませんが、がっちりした右バッターです。センター返し系のバッティングで、〝なんとか一点を……。もう延長は勘弁してくれ〟と思いながら、千葉さんの打席を見ていたように思います」

米子東時代から、点数が入らない試合には野口は慣れている。常に最少点差を争う試合で鍛えられて来た男である。

「千葉さんのヒットで一点入ったときは、〝これで、ゼロで抑えて勝たないといけない〟と思いました」

一対〇で勝たなければならない。それが野口の闘志だった。

「大山さんのピッチングが素晴らしかったですからね。コントロールもいいですし、タイミングを外すのが、とにかくうまいんです。シンカーみたいなインコースに落ちてくる球があって、打てそうで打てない。もう一点は見込めないからこれで勝つ、というより、勝たないといけないと思いました」

野口は、精神的にも、恐ろしいまでに強靭《きょうじん》なピッチャーだったのである。

悲鳴のような東大の応援の中、野口は投げつづけた。最後まで〝悪者〟で通す、と心に誓った気力の投球だった。

「ストレートはやはり本来の調子ではなかったと思います。でも、カーブを中心に投げました。試合の最後は、たしか内野ゴロだったと思います。

そのゴロがアウトになって、〝ああ終わった。やっと終わった〟と思ったことを覚えています。試合のあと、肩の痛みとかはなかったんですが、結果的に燃え尽きたというか、そんな感じになってしまったことを思い出します。気持ち的に、なにかこう燃えきった部分があったのかもしれません……」

それも当然だろう。この四連投で野口は、三十四イニング三分の一、全四百五十八球を投げ抜いたのである。

野口は、こうして東大の悲願に立ちはだかった「鬼」となった。赤門旋風は、驚異的なしぶとさを見せた立教によって、ついに終息した。

「神さまがくれたプレゼント」

東大初Vの夢が破れた――。

東大快進撃で話題を呼んだ東京六大学野球第五週最終日は十三日、神宮球場で東大－立大4回戦を行った。またも大山、野口の投げ合いとなり、見ごたえのある試合を展開したが、立大が六回千葉の中前適時打で挙げた1点を守り切って東大を降した。

『スポーツニッポン』（昭和五十六年五月十四日付）は、そんな記事のあと、〈「敗者に話はない」 大山 ロッカーに駆け込む〉という見出しを掲げて、優勝への夢を断たれたエース大山のようすをこう書いている。

　四番下嶋が遊ゴロに倒れて、夢が消えた。力投が報われなかった大山は、終了のあいさつをすませると、真っ先にベンチに帰り、ウィンドブレーカーとグラブをわしづかみにして、足早にロッカーに向かった。

「負けた者から聞くことなんかないでしょう。今日は何も話したくありません」

　暗い通路に駆け込んだのは、目に浮かんだ涙を誰にも見られたくなかったからだ。今季初めての黒星が、チームにとっても決定的な敗戦となってしまったことに、大きな責任を感じている。

　平野監督も、いつもの人なつっこい笑顔が消え、無念さがありありと表情に出ていた。

「大山は良く投げた。前半の好機に点が取れなさすぎた。野口君のカーブを狙うように指示はしたのだが……」

　応援席は試合が終わったあとも、いつまでも応援歌を歌い続けた。（一部略）

あの日、大山はなかなか心の整理ができなかった。

「負けたときは、非常に悔しくて、ロッカーの中で誰も口がきけないみたいになりましたね。一人ひとり、自分なりに一誠寮に戻るあたりまでに心の中を整理したと思います。バスで帰るんですが、会話はほとんど誰もしなかったですね。自分の中で気持ちに整理をつけて、事実として受け止める時間というのが必要でした。〝逃した魚〟は大きいけれども、時は戻らないですから……」

東大優勝という夢を実現する〝奇跡への挑戦〟は終わった。

優勝決定戦になると見られていた翌々週の明治戦、東大はなす術なく敗れ、一挙に四位に沈んだ。燃え尽きたのは野口だけでなく、東大のナインも同じだった。

秋のリーグ戦でも三勝を挙げた大山は、通算勝利数を二桁に乗せて卒業する。

三菱重工にエンジニアとして入社した大山は、技術者としての生活をつづけ、橋梁《きょうりょう》の建造事業に携わってきた。頭には白いものが多くなった大山だけでなく、赤門旋風を巻き起こした同期の仲間たちも、それぞれに企業人として晩年を迎えている。

「今でもやっぱりこの立教戦の話になりますね。集まりは、定期的でもないですが、だいたい年に一回ぐらいは会っていますね。同期が十三人ほどいるんですが、七、八人が東京近辺にいるんですよ」

時を経て、大山は赤門旋風を人生の中でかけがえのない幸福な時間であったと知る。

「あのシーズンというのは、神さまがくれた大きな大きなプレゼントだったと思っています。ああいう体験ができてすごくよかったなあと思っているし、あれはひとりの力でできるものでもなければ、だからといって、野球部のメンバーだけでできるものでもなかったものだと思う。本当に〝神さま〟が何十人も寄ってたかって僕たちに取りついてくれたような経験だったと思っています」

奇跡の赤門旋風——昭和五十六年春の神宮球場には、大山が言うように、きっとたくさんの神さまがいたのだろう。悲願が成し遂げられなかったことが、逆にこの〝夢〟の大きさと価値の貴重さを物語る。将来、神さまは、果たして第二の大山たちを神宮球場に導いてくるのだろうか。

第五章　連敗の苦悩

大越健介投手
昭和五十六年入部

存在感を発揮する東大

赤門旋風のあと、東大はしばらく存在感を発揮する。

入学した年に赤門旋風を目撃した大越健介は、主戦投手としてマウンドに上がった三年間で五位を「三度」経験し、全敗のシーズンは一度もなかった。

卒業後、ＮＨＫに入局し、政治部記者やキャスターとして活躍する大越は、自らの現役時代について、こう語る。

「僕は入学式の日、九段の日本武道館から何人かで学生服姿のまま神宮に駆けつけたんですよ。東大対法政の一回戦です。試合の途中だったんですが、大山投手が投げて東大が勝っていて、そのまま勝ち切ったんです。〝赤門旋風〟のはじまりです。法政のピッチャーは、プロに行った川端順。法政は、ずらりと甲子園組が並んだすごいメンバーでした。東大はその法政にまったく遜色がなく、勝ってしまったのには、びっくりしました。

外野の石井さん、中野さん、下嶋さん、セカンド相賀さん、ショート大久保さん、キャッチャー坂本さん……東大もすごいメンバーでした。オーダー的には、東大史上ナンバーワンだったんじゃないでしょうか。大山さんの球はそれほど速くは感じなかったですが、気の強いピッチャーだと思いました。ゲームの空間を支配する迫力を感じました」

最初から「強い東大」を目のあたりにした大越は、ピッチャーとして彼らの〝遺産〟を引き継ぎ、四年間で八勝（二十七敗）の成績を残すことになる。

「鳥は、卵から孵化《ふか》して最初に見たものを親だと思うというじゃないですか。僕たちの場合、入学式の後、最初に神宮で観たのが、あの強い法政を破ったゲームです。これが最初の体験だったので、自分たちがやれないことはないんだ、という気持ちが生まれました。最初の〝発射台〟から高かったと思うんです。僕は、立教と早稲田にしか勝っていませんが、当時の立教には、対等に戦って勝てると思っていました。いまは立教も強くなっていますから、なかなか難しくなっていますね」

大越は、東大に入学して、それまでのピッチングフォームを変えている。

「大山さんのピッチングを見て、自分のオーバースローのストレートで、オーソドックスにカーブとかを投げて抑えられるわけないな、と感じました。自分には、大山さんのようにはできないと無意識に思ったのかもしれませんね。それでサイドスローに変えていったんです。一年の秋が終わり、大山さんたちが卒業して、アンダースローのまねごとをしたり、いろいろやったんですが、二年生の春に、突然、サイドスローがしっくり来るようになったんです」

武器は、横手投げ特有のシュートボールだった。

「サイドスローになったら、自然とストレートもシュート回転するんです。だったらシュートをもうちょっと磨けばいける、と思いました。外のストレートというのは、もちろん大事なので、練習は一番する。また、外のシュート、スライダーでストライクを取るという練習もします。シュートは、ランナーが二、三塁でもボテボテの内野ゴロを打たせる決め球になりました。それもサイドスローに変えたおかげです」

大越とバッテリーを組み、強打の捕手としてチームを牽引した朝木秀樹は、この時期の東大が白星を挙げることができた理由をこう挙げた。

「私が入ったときの監督は平野（裕一）さんですが、一年のときバッティング練習を終えてバッティングケージから出たとき、監督から言われたひと言に目からウロコが落ちたんです。そのときセンター前や三遊間を抜ける当たりを打って調子がよかったんですが、〝東大では、それじゃダメなんだ。とにかく遠くへ飛ばせ〟と」

いったいどういうことなのか。

「東大の選手はツーアウト二塁のランナーをセンター前ヒットで返すんじゃなくて、ツーアウト一塁のランナーを、外野の頭を超えて長打で返さないとダメなんだ〟と仰るんですよ。〝ええっ？〟と思いました。高校のときは、ランナーが出たらすぐ送りバントで、ランナー三塁の場合は、ほぼスクイズ、みたいな野球をやってきたので、余計でした。しかし、平野監督は〝東大の場合、なかなかスコアリングポジションにランナーが行かないし、かつ、行ってしまうと相手のピッチャーが厳しい球を投げてくるから、その球を打てないんだ〟と。〝だから、ツーアウト一塁で、相手がまだ油断しているうちに打つんだ。もっと遠くへ飛ばせ〟と言われたわけです。パワーにはそこそこ自信があり、当たれば飛ぶというのがあったので、〝ああ、なるほど〟と思いました。それからは、遠くへ飛ばすスイングを意識するようになりましたね」

　東大では、ボールは遠くへ飛ばさなければ点は入らない。それは、まさに「真理」と言えた。平野は選手それぞれに筋力アップのためのメニューを作ってくれていた。

「平野監督は身体づくりも得意でした。個人ごとに全部メニューをつくってくれていましたので、ウエートトレーニングをみっちりやりました。スクワットもそうですし、あとは〝ダンベル片手引き上げ〟というのもありました。右打者は、バッティングで左手を引くじゃないですか。この力を上げるために、台の上に横向きに寝て、左手で十キロぐらいのダンベルを下から上にぎゅっと振り上げる動作をくり返すんです。こういうのを十種類ぐらいやりましたか。確実にパワーは増しましたね」

大越や朝木の一年後に入ってきた国立《くにたち》高校出身の市川武史は珍しい甲子園出場組だ。〝都立の星〟と称され、都立勢として初めて甲子園への出場を果たした国立旋風は、昭和五十五年のことである。市川が野球部に在籍した時代は、東大野球部史上、最も「甲子園組」が多かった時代でもある。

「僕は一浪です。スポーツはやりたいけど、もう野球はいいかな、と思って当初、ゴルフ部に入ったんです。しかし、一年の秋に当時の大沼（徹）監督に声をかけられて結局、野球部に入ることになりました」

一年上に盛岡一高で甲子園出場を果たした八重樫永規《ひさのり》がいたし、市川と一緒に国立高校で甲子園を経験した人間も入部していた。

「全部で五、六人いました。朝木さんが卒業されて、自分が四年生のときは、自分がピッチャーをやって、キャッチャーが川幡《かわばた》（卓也）、セカンドが布施《ふせ》（英一）、センターが金子（力）だったので、センターラインが全部、国高になったことがありました。甲子園に出たメリットというのは、大舞台で臆さないというのがあったと思います。神宮でも全然、気おくれしなかったですね。法政や明治の甲子園球児と比べると、われわれはちょっと弱さを持っていましたが、それでも六大学の中で互角に戦っていました。甲子園に出たから、というのは別かもしれませんが、そんなに気おくれすることなく戦えていた記憶はあります」

ストレートのスピードこそ百二十キロ台だったが、市川は多彩なピッチングで強豪私学を翻弄した。

「自分のピッチングは大越さんと似ているんですが、大越さんはサイドスローでも力のあるタイプで、自分はコントロールとカーブ、シュートを多彩に、えげつなくいく、という感じでした。大学時代にスライダーも覚えました。ピッチャーは基本的にインコースに投げられないといけないので、インコースに投げられるコントロールを持っていれば、ある程度、通用すると思います。自分は高校のときからコントロールには自信がありました。百二十キロ台のスピードでも、カーブのコントロールには自信があったんです。打ち取るパターンは、いくつもありましたよ。たとえば抜いたインコースで入って、次にちょっと速い球でいって、そこからシュートをかける、とか。バッターにもよりますし、追い込む前の状況にもよります。カーブは最後に使うだけではないので、いろんなところで使いましたね。抜いたり、ボールにしたり。ボール球を振ってくれるとありがたかったですね」

市川も、自分たちの頃と今の六大学の違いについて、他大学の「パワーアップ」を挙げる。

「他大学がさらにパワーアップしている理由のひとつは、推薦制度が大きいと思います。われわれのときは、早稲田も慶應も推薦制度が弱まっていた時期だったんじゃないでしょうか。やはり明治と法政が強かったのは、そこがしっかりしていたからのような気がします。法政には小早川（毅彦）、明治には広沢（克己）とかがいましたからね。当時の六大学もレベルが高かったので、今と比べて弱いということはなかったと思います。強いて言うなら、今は、どのチームも当時の法政・明治級になってきているという感じでしょうか。自分たち東大ピッチャー陣も結構、抑えていましたので、打てなかったですけれども、いい試合をしていたという気持ちはありますね」

大越や市川など、強豪私学相手に臆することなく挑むピッチャーがいたし、歴代の東大打撃陣の中で唯一の満塁本塁打を記録した朝木秀樹、あるいは、シーズン最多本塁打（三本）と一試合最多本塁打（二本）を記録した長距離ヒッターで現監督の浜田一志など、粒選《よ》りの選手が神宮を沸かせた。

だが、推薦制度がなく、一般入試でしか野球部に入れなかった立教がその方針をやめて有力選手が集まるようになり、他大学にも甲子園出場組をはじめ実力ある高校球児たちがいっそう入部するようになると、「東大の勝利」はさらに難しいものになってくる。

「通算二百勝」を果たせなかった無念

平成四年にロッテ入りした小林至《いたる》（現・江戸川大学教授）は、在学中に「プロ志望」を広言し、当時のロッテ監督・金田正一のツルのひと声で、入団テストを経てプロ入りを実現した強運の持ち主である。しかし、東大の「通算二百勝」を目前にして、あと一歩の「勝利」を果たせなかった世代でもある。

「惜しい、悔しい試合がたくさんありました。特に、四年の秋は、かなり自信がありました。夏の練習試合でも、学生相手の試合では、ほとんど打たれなかったと思います。どことやっても、失点をゼロか一、二点に抑えていて、かなりの自信を持って秋のリーグ戦を迎えました。カーブと外のストレートでカウントを取って、その前にバッターがひっかけたり、時には詰まったりすることもありましたが、最後はシンカーを投げておけばなんとかなるというイメージも持っていました」

ひたすら神宮での勝利を目指して投げつづけた日々を、小林はそう振り返った。

「相手が打ち気にはやっているときには、初球にアウトコースの低めにストレートを投げて、ショートゴロが転がる、みたいなイメージもあったんですよ。平成二年秋の開幕の早稲田戦も、〇―〇で、最後八回に一点取られて、負けました。春優勝の早稲田のエース市《いち》島《じま》徹とそんな投げ合いをやったり……。その決勝の一点も、甲子園準優勝の松山商の水口（栄二）のセーフティバントから始まった攻撃です。結局、私は、リーグ戦では一度も勝てなかったですね」

大学での通算成績は、〇勝十二敗ながら、小林はそれでもプロに入りたかった。

「私たちのときは東大の通算二百勝がかかっていたんですが、どうしても勝てませんでした。でも、私の場合は、プロで雪辱する機会を与えられたので、神さまが〝プロ野球〟というご褒美《ほうび》を与えてくれたと、個人的には思っています。私たちの頃の東大はけっこうアナログで、素質と経験が劣っているんだからといって、めちゃくちゃ練習量が多かった。もっと東大生らしい工夫をすればよかった、と今でも思いますよ。

だけど必死に練習して、それでも仲間と成果を出せなかったというのは、やっぱり残念です。結局、僕らの頃の坂本（二朗）監督は、未勝利のまま監督を退かれたんです。その気持ちを思うと、なおやりきれないです。みんなでひとつの目標に向かって走ったわけですが、そりゃあ、仲間と一緒に達成した勝利がないというのは、残念ですし、悔しいですよ」

小林は、東大野球部のことを〝神さまからの贈り物〟と懐かしむ。

「東大野球部というのは、野球が大好きで、そんなにうまくない子が大舞台に立てるチャンスをくれる場所だと思います。要するに、野球大好き少年に対する、神さまからの贈り物なんです。高校のときにそんなに大したことがなくても、最高峰に近い選手たち、つまり、甲子園のスターたちと真剣勝負をさせてもらえるのですから、こんな素晴らしいことはないですよ」

小林は、プロでも未勝利のまま引退している。それでも、プロの世界に行けたことは神さまからのもうひとつのご褒美であり、ありがたいと強調する。こんな体験ができたのも東大野球部に入ったからこそであり、そのことを小林は熱弁するのである。

しかし、どうしても勝てない——その現実は、次第に東大野球部に覆いかぶさっていく。そして、ついに東大史上初めて、在学時代に一度も勝利を得ることができなかった世代まで生まれてくるのである。

四年間「勝ち星」なし

負けつづけること——それはどんなものなのだろうか。

長い長いトンネルを抜け出ることができず、ついにそこから光を見出すことができないまま去っていくという現実。それは勝負の世界に生きる人間にとっては耐えがたいものだろう。しかし、実際にそれを経験した人物にじっくり話を聞く機会はなかなかない。

住友商事に身を置き、商社マンとして活躍するひとりの青年がいる。平成四年十月生まれの二十五歳、有井祐人。平成二十三年、愛媛の新田《にった》青雲高校から現役で東大に入学した有井は、ただちに野球部の門を叩いた。

有井がほかの新入部員と違っていたことと言えば、高校時代、野球部ではなくサッカー部に所属していたことだ。

新田青雲高校には野球部がなく、中学時代にボーイズリーグの四国ブロック代表にもなっていた有井は、悩みに悩んだ末、三年間、野球から離れたのだ。

三年間のブランクを経て、憧れだった東大野球部へと入り、有井は東京六大学という〝勝負の世界〟に飛び込んだのである。

甲子園のスターたちと勝負できる。子供の頃からプロ野球選手になることを夢見ていた有井にとって、それはなにより嬉しいことだった。

だが、有井が入った東大野球部は、すでに「連敗」という真っ暗なトンネルのただなかにあった。連敗脱出を目指す野球部は、ただ、もがきにもがく集団と化していた。

それは、逃れられないクモの巣にからめとられ、ただ餌食《えじき》となるのを待つ哀れな虫のようなものだったかもしれない。

有井が在学中の東大野球部の戦績は、四年間で八十戦全敗。つまり、在学中、有井は一度も「勝ち星」を得ることができなかった。最高学年となった平成二十六年、有井は連敗脱出をかけて野球部の主将となるも、ついに悲願を達成できないまま卒部したのである。

「勝利の味」を知らないまま去った有井はどんな思いで、自身の四年間における八十連敗を噛みしめるのだろうか。

エリート高校球児が集まる東京六大学。有井たちの同期には、プロ野球に入った人間だけでも、早稲田の有原《ありはら》航平投手（日本ハム一位指名）、中村奨吾内野手（千葉ロッテ一位）、明治の山﨑福也投手（オリックス一位）、法政の石田健大投手（横浜二位）らがいた。一学年下には、早稲田に重信慎之介外野手（巨人二位）、茂木《もぎ》栄五郎内野手（楽天三位）、明治には高山俊外野手（阪神一位）、上原健太投手（日本ハム一位）、坂本誠志郎捕手（阪神二位）、立大には大城滉二内野手（オリックス三位）……等々、キラ星のような選手たちがいた。

それは、東大野球部の選手たちにとっては「これまで見たこともないような球」を投げて来るピッチャーであり、「度肝を抜く打球の速さを持つ」スラッガーたちだった。

彼らを相手に、有井たちは奮闘した。だが、歯が立たなかった。

「勝ち方というより、勝つまでの精神の持ち方を、僕たちは知らなかったのだと思います。

〝勝とう〟という思いは本当に強かったです。でも、連敗が続いている中で、勝ち切るための精神力を維持できなかったのだと思います」

有井は、自身の「八十連敗」を冷静に振り返ってくれた。

「勝つために、いろいろなことをやりました。練習もしたし、相手の分析もやりましたし、できることはすべてやりました。しかし、勝てなかった。だから連敗を脱出した後輩を見ていると、そういう勝ち切るまでの気持ちの持ち方を知っていたから勝てたんだろうなと思います」

それは勝利への「重圧」ということだったのだろうか。

「重圧はありました。やはり、負け続けてますからね。試合前は士気高くやりますから心配はなかったんですが、点が入って試合が崩れ出すと、重圧がのしかかってきました」

有井は、相手が点を取ると連敗の重圧がかかってくる、と当時の心の内を明かした。

「大量得点されて、その次こっちの攻撃が三者凡退で終わると、その時の球場たるや、〝おまえら、なにやってるの〟という雰囲気が充満するんですよね。もちろん、応援してくれている方々は、〝がんばれ〟と言ってくださっているんですけれども、どうしても、自分たちでマイナスに、マイナスに捉えてしまうんです。おそらく、こっちが勝手に感じているだけなんだと思いますが、それでも、それが大きな重圧になりました」

振り払えない重圧

もがけばもがくほど、重圧はチームにのしかかってきた。

「浜田監督も一勝すれば大丈夫だ、と言ってくれるのですが、それがどうしてもできないわけです。チームのみんなも、東大野球部に入るまでは、もちろん勝利の味を知っている。しかし、東京六大学というスター選手が揃う場で、ああいう連中と戦う経験は、誰も持っていない。こんなすごい相手と戦うのは、みんな野球人生で初めての経験になるわけです。そこで勝ち切るために必要な精神の持ち方が、どうしてもわからなかったんです」

〝一勝〟を知らないチームには、本当に過酷な状態がつづいたのである。

「野球を、まじめに、戦略的に、考えすぎていた部分も多分にありました。重圧を感じていたために緻密に考えすぎた、という面もあったかもしれません。もちろん連敗を背負っているという責任を感じていたものの、悪循環で七十一連敗、七十二連敗……という負の連鎖よりは、単純に、その一試合、一試合で負けていたんです。〝実力で負けた〟という感じがします。来たボールに反応して打つとかという感じではなくて、相手をしっかり分析して〝次はこういう球が来るだろう〟、いや、〝こういう球が来る可能性が高い〟とか、そういうものに偏り過ぎてしまったかなあ、と……」

有井は、立候補してキャプテンとなった。だが、自分がキャプテンだったことがいけなかったのではないか、と今では思っている。高校三年間を野球部で過ごしていない経験不足の自分がキャプテンをやったことがいけなかったのではないか、というのである。

勝てないために、それぞれが自分自身の責任を背負い込み、余計にそこから逃れられなくなっていたのかもしれない。

「ミーティングでも、結局、精神論のようなものばかりになってしまった気がします。自分じゃない方がよかったかもしれない、というのは、今でも思いますね。浜田監督は、僕を三年のときから四番で使ってくれるんです。しかし、いざ、四年の春のリーグ戦が始まるという直前に、足を故障してしまいまして……。チームを引っ張っていかなければならない自分が、試合に出られないんですから……」

四年の春のシーズン、有井がクリーンアップとして復帰できたのは、第七週の法政戦である。法政二回戦では、玉熊将一投手から鬱憤《うっぷん》を晴らすかのように二塁打を二本放って三打点を挙げた。しかし、時すでに遅し、だった。

「春も結局、十連敗に終わりました。百連敗したら、東大は六大学から脱退だ、という噂まで出ていました。勝たなければいけないんですが、でも、どうしても勝てなかったですね」

最後の秋のリーグ戦でも、善戦する試合はあっても、勝利を得ることはできなかった。特に対立教戦は、二試合とも先制点を奪いながら、二対四、そして、三対六と惜敗し、勝ち切ることができなかったのである。

〝魂〟が神宮球場から離れない

「言い方が正しいかどうかわからないですが、八十連敗で卒業したことについては、気持ちというか、〝魂〟がまだ神宮に取りついちゃっているような感じなんですね。一回でも勝てれば、〝一回しか勝てなかったけど、ああいうことをやったからよかったんじゃないか〟という成功体験を、無理やりにでも見出せますが、僕たちにはそれが一切ない。過去に囚われたくはありませんが、どうしても負けつづけた過去というのが立ちはだかり、一生消えることのない過去として自分の前にありつづけている気がするんです」

副将として有井と同じように「八十連敗」の中でもがいた初馬《はつま》眞人は、勝利を得られないまま卒業せざるを得なかったことが、今でも自分の中に刻まれていることを明かす。

桐朋《とうほう》高校出身の初馬は、高校時代にはエースとして西東京大会のベスト16まで進出し、東大入学後もピッチャーとしてマウンドに立った。

しかし、二年の終わりに肩を痛めて一年を棒に振り、四年になるにあたって監督から〝野手になって欲しい〟と告げられ、外野手として打撃を生かすようになった。

「四年間勝ち星なし、というのは、東大野球部の歴史上ないので、汚点になるじゃないですか。先輩たちが築いてきたものを裏切ることだけはやっちゃいけない、と僕たちは思っていました。自分自身が勝ちたいという気持ち以上に、そういう〝歴史を汚す〟ことだけはあってはならないと思っていました。だから僕は、野手として残された時間が一年しかないので、すべてを野球に賭けたいという思いで、その時点で留年を決めました。

八十回もやって勝てないというのは、もう悔しいというレベルではないですね。悔しさが積もりに積もって八十回。単純に八十回分積もっても、一回勝てばそれを吹き飛ばせるものだと信じていましたが、その吹き飛ばす機会を僕たちはもう得ることができません。だから、気持ちというか、〝魂〟が神宮に取りついて離れられないんです」

神宮で勝たなければならなかったという思いは、今も初馬から離れないのである。後輩たちが勝ち、ついには勝ち点を取ったことに対しても、初馬は呻《うめ》きにも似た感想を漏らした。

「後輩たちが勝つのは嬉しいですね。しかし、嬉しい気持ちの裏で、なぜ自分たちが勝てなかったのかという、そういう引っかかりみたいなものがあるのも確かです。自分たちだってできたはずなのに、頑張ったはずなのに、じゃあ、なにが足りなかったんだろうという、そこの悔しさがどうしても出て来るんです。

僕の代で、やる気のなかった人はひとりもいないですね。みんなが勝とうとしていました。絶対に勝つぞ、と思っていました。でも、僕らの場合は、〝とにかく一勝〟というスケールでしたから、目標の置き方がまず低かったのか、という反省があります。いま振返ってみれば、〝とにかく一勝〟では、その一勝ができないんだということだったと思います」

同期が集まって飲んでも、その悔しく、深い傷には、あえて触れないという。

「一勝もしていないというのは唯一の汚点ですからね。酒は好きで結構飲むんですが、仲間と飲むときも、そこにはあまり触れないですね。話し始めると悔しい気持ちで止まらなくなりますので、なかなか……。

僕らが四年だったときに一年だった連中が神宮を去っていきます。連敗をともに経験し、それを越えていってくれた彼らには、特別な思いがあります。最後に、彼らが勝ち点を取ってくれたことへの喜びと感謝は、なかなか表現できません。

彼らが卒業したあとの神宮は、これまでとは違うように僕の目には見えると思います。

きっと〝別の舞台〟のように映るのではないでしょうか」

勝負の世界の過酷さ

キャプテンの有井が言う。

「同期は仲がいいんですよ。やはり、飲んでそんな話をよくします。この代のやつらと同期でよかったと思います。こんなやつらと知り合えて、一緒に野球ができてよかったです。でも、みんな、もがいていましたね。

一時期、勝つために何をやったらいいのか、どういう練習をしたらいいのか、何も見えない時もありました。打開策もわからないですし、隣を見て頼れる奴がいるかというと、みんながわからなかったわけです。四年生は、副将も含めて、みんなもがいていました」

キャプテンたる自分自身の力不足、経験不足を有井はどうしても悔いるのである。

「やっぱり、勝ちを知らなくても、チームをどこかに導いていくのがキャプテンじゃないですか。練習量とか、ケガをしてても、という、そういう引っ張り方はしていたかもしれないですが、チームが行くべき道を僕は示せませんでした。心のどこかで、誰かに頼っていたのかもしれないです。

試合後の訓示なんかも、〝今日は負けたけど、明日は気持ちを切り替えて〟とか、本当に月並みなことしか言えてないですね。一丸となって、ということができなかったんでしょうかね。今にして思えば、試合に勝つための〝完成形〟が描けていなかったのかもしれないですね。もがき続けた野球生活だったと思います」

それでも有井にとっては、東大野球部の貴重な体験は人生でかけがえのないものだ。

「僕にとって、東大野球部というのは、確実に、何に取り組むにしても、今の考え方の原点、根本、源になっているのは確かです。人と人をつないでくれたし、今ある人脈とか、また、同期をめぐり合わせてくれたということは、本当にありがたいです。あんな環境、ひとつの目標に向かって突き進むという環境に置かれることって、人生で、そうそうないですからね。

でも、やはり、一勝を挙げて浜田監督を男にしてやれなかった、ということは残念です。僕ら八十連敗の代ですから、（東大の）グラウンドにも行ってないですよ。だって、教えられることがないですから……」

有井は、最後はさばさばした表情で、ついにトンネルを抜けることができなかった自身の大学野球時代の話を締めくくった。

有井は、一年下の後輩たちが連敗のトンネルを抜けたとき、浜田監督にメールを送っている。後輩たちを誉《ほ》め、監督の勝利までの臥薪嘗胆《がしんしょうたん》を讃えながら、こう伝えている。

強くなった東大野球部、後輩たち、彼らと一緒に野球をやっていたことが誇らしく思う一方で、羨ましく、なんとも言い難い悔しい思いが込み上げても来ます。何が間違っていたのか、もっとやっておけばよかった、後悔の念にさいなまれたりもします。

なんとも言い難い悔しい思い。後悔の念にさいなまれる——有井の言葉からは、勝負の世界の過酷さが伝わって来る。

第六章

執念の連敗脱出

浜田一志監督（左）と
桑田真澄コーチ（当時）

「勝ち点三を取りに行く」

「勝ち点三を目指す」

飯田裕太主将がそう言ったとき、部員のほとんどが心のなかで「えっ?」と声を上げただろう。

二年生捕手、喜入《きいれ》友浩も、そのひとりだった。

リーグの連敗記録を更新中の野球部が、次年度（平成二十七年度）の目標を「勝ち点三」に設定したのである。「ひとつ勝つ」とか「勝ち点を奪取する」ではない。「勝ち点三」なのだ。

すでに連敗記録は「八十六」に達していた。飯田主将が率いる新チームが「一勝」も挙げられなければ、来年の秋季リーグで「百連敗」を超えるのである。

それは、耐えがたい屈辱だった。東京大学野球部がリーグ戦に参加している意味があるのかという、根本的なことさえ問われかねない危機と言える。

思わず、下級生たちが顔を見合わせたのも無理はなかった。しかし、飯田主将の表情は、真剣そのものだ。

ああ、飯田さんなら、この目標は不思議ではない。喜入は、すぐにそう思い直した。

「この目標を掲げたのは、新チームが始まってすぐの冬です。有井さんの代が終わって、このままだと百連敗がやばい、という時期でした。その初日に飯田さんが部員全員に対して言ったんです。チームの目標は毎年、新チームが始まるときに決めるんですが、みんな、〝えっ？〟となりました」

喜入は、そう振り返る。

「六大学の連敗記録を更新中の東大が、いきなり〝勝ち点三を目指す〟って、本来、バカげているじゃないですか。でも、飯田さんたちは、本気で勝ち点三を取りに行こうとしていることがわかりました。飯田さんは、細かいことはあまり言わないですが、なにを言いたいのかはわかりました。〝とにかく勝ち点三を目指せ〟、それは、勝ち点三を取るチームになるように個人として勝ち点三を目指せ、つまり〝勝ち点三のチームに必要な個人レベルを要求するよ〟という意味なんです。新チームはそうなるんだという宣言だったと思います」

それを聞いたとき、喜入は、あることを思った。

「これは連敗が止まる、と思ったんですよ。だって、勝ち点三なんですから。そのためのレベルに個人個人が昇ってこい、ということですよ。連敗を止めるその試合は〝メモリアルになるだろうな〟と、そのとき思いました」

どう連敗を脱するかではない。目標は、はるかその上にあり、個人のレベルへの要求も、いきなり、その目標に〝ふさわしいもの〟になったのである。

喜入は、キャッチャーである。二年の春季リーグ戦から出場し始め、秋からは、ほとんどひとりでマスクをかぶってきた。しかし、「勝ち点三」を取るとなれば、少なくとも「六勝」を挙げなくてはならない。「一勝」を目指していた自分たちが、である。

「今の投手陣で、どう勝ち点三を取ろうか、と考え始めました。明治、法政、早稲田、慶應、立教。ここからどう三つの勝ち点を取るのか。このことを具体的に考えたときに、僕のなかでイメージができたんです。自分のバッティングのことなど、もう、どうでもよくなりましたね」

主将のひと言で、チームの空気はまるで変わったのである。

「打倒私学」に賭けた男

飯田主将はなぜ目標に「勝ち点三」を掲げたのだろうか。

飯田は百六十四センチ、六十二キロと小柄ながら、愛知県立刈谷《かりや》高校で野球に打ち込み、高校二年の夏、激戦の愛知県予選を勝ち抜いて決勝戦まで進出している。決勝で敗れた相手は、名門・中京大中京。投打の柱・堂林《どうばやし》翔太（現・広島）を擁した同校は、そのまま甲子園で全国制覇を成し遂げている。

甲子園で優勝したチームを相手に、野球王国・愛知の覇権を決勝で争った経験がある飯田。歴代の東大野球部選手のなかでも、飯田は間違いなく輝かしい球歴と高い勝利への意識を持つ選手だったと言える。

平成二十八年に東大を卒業した飯田は、故郷・愛知に戻って名古屋の東邦ガスに入社し、野球部に入った。今も社会人野球で全国制覇を目指す現役のプレーヤーなのである。

飯田は、「勝ち点三を目指す」という目標を掲げた理由について、ずばりこう答えた。

「それは、一個勝つ、という目標を持ってやっても、一個は勝てないからです。前年までは、この〝勝つこと〟を目標にしていました。それを勝ち点三に代えると、六個勝つことが目標になるわけです。なかなかイメージできる目標ではないですよね。ただ、勝てないのは、他の大学と同じレベルで野球をする、という意識を部員全員が持っていないからだ、ということを感じていました。

たまたま一試合、攻撃と守備がかみ合って勝つということがあっても、それが二試合続くことはないので、勝ち点は取れないわけです。常に互角の野球をするんだ、という意識を全員が持ち、互角に戦えるレベルに自分の力を上げるんだ、という思いを持つべきだと思いました。その〝互角〟という意味で、勝ち点三という目標が出てきました」

飯田にその意識があったのは、前述のように高校時代から「自分より強いものを倒す」という目標が植えつけられていたからだろう。強豪私学を倒すという意識は、飯田にとって東大志望の大きな理由のひとつでもあった。

「高校二年の秋に西三河地区で優勝して、県大会のベスト8で中京大中京に負けた後、東大の東海地区のスカウト担当の方が刈谷高校に来られたんです。それで、東京六大学の魅力について、お話をされました」

そのことが飯田の野球人生を変えることになる。

「その方は、神宮球場で野球ができること、東大に入れば甲子園のスター選手たちと対戦ができること、お客さんが大勢入っているところで試合ができること……等々を仰られたんです。そのとき、〝打倒私学〟という精神が僕には染みついていたので、東大だったら同じ気持ちで野球ができるぞ、と闘志に火がつきました。その方が、〝東大を目指せるような学力の子はいないかな？〟と聞かれたんで、僕は、なんとか東大に行きたい、と思いました」

しかし、受験したものの、現役のときは無念の不合格。一浪ののちに、飯田は望みを叶えるのである。

入部したときは、すでに東大は連敗街道をまっしぐらに進んでいた。

「入学したとき、連敗が二十六になっていました。しかし、野球部には、野球を第一に考えている人しかいなかったし、勝利を目指しているチームでした。チームを引っ張るような人たちが一杯いて、勝つために野球をしているチームだなあ、と感じました。その代のキャプテンは永井兼さんです」

永井主将は、部員に「少人数班ミーティング」を課していた。

「各学年二人ずつぐらいで、八人ぐらいの班にわけてミーティングをするんです。全部で八班ぐらいあって、意見を述べあいます。班のメンバーは定期的に入れ替わるんです。僕は練習の質という面では、刈谷高校時代と比べて東大の練習が〝量〟の方を重視している感じがしていたので、もっと質を高める意識を持った方がいいんじゃないでしょうか、ということを言わせてもらいました」

どういうことなのだろうか。

「たとえば、シートノックをしていて、ミスが出てもどんどんプレーが流れていってしまうのです。そういうときに一旦、プレーを止めて、ここでなぜこういうプレーが出てしまったのか、どうすれば次はそれをなくすことができるのか、そういうことを確認しながら、きちんと底上げをしていった方がいいのではないか、ということです。チームには技術の足りない部分があるし、僕自身が高校時代にそういうやり方で練習をやっていたこともあって、この点について言わせてもらいました」

たとえ一年生であっても、積極的に意見が言えたし、少しでも強くなろうという意識が主将以下、部員全員にあったという。しかし、

「それでも勝てなかったんです。二回までに五失点、六失点をしたら、もうその試合自体は勝ちが見えてこなくなります。戦っている間は、その試合の価値を考えているわけでもなく、ほかの試合に活《い》きるように、ということを考えました。やはり、いまは何を目指して試合をしているんだろう、ということもありました」

どれほど意識を高く持とうとも、どうしても東大は勝てなかったのである。飯田が入学してからの三年間、東大は六十連敗（通算八十六連敗）を喫するのである。

「東大ファンの観客は、もちろん勝ちを望んでくれているんですが、勝たなくても、その中でいいプレー、いい攻撃をすれば盛り上がってくれる人もいるんです。勝てない中でもベストのプレーをして、少しでもそれを見てもらいたいという気持ちはありました。誰も投げやりな気持ちになる選手はいませんでした。

次のキャプテンは黒沢（俊哉）さん、その次が有井さんです。でも、勝つための練習をしてきているのに、それでも勝てない。じゃあなんで練習をしているんだろう、という負の連鎖がどんどん積み上がっていきました。いったい何をすれば勝てるんだ、と」

ついに四年間、一度も勝利の味を知らないまま卒業していったのは、飯田の一年上、前章で紹介した有井、初馬たちの代である。

野球部全体が、とてつもなく分厚い焦燥感に包み込まれていた。

浜田新監督の登場

浜田一志新監督がやって来たのは、飯田が二年のときだった。

「公式戦でなかなか善戦もできない状態で苦しかったです。なんというか、最初から切羽詰まって守っていたんです。余裕がなかったんだと思います」

しかし、新監督の登場で、次第にチームに変化が生まれていく。

「浜田監督は、〝四対三で勝つ野球〟というのを仰っていました。一試合を通して三点で抑える。そのために、序盤で一点やるところは一点やる。練習のときは、いかに四点を取るか、というイメージをしながら攻撃の練習をするのと、いかに三点以内に抑えるかという守備の練習をするわけです。基本的に、ロースコアに持ち込んで守備のミスを減らすという野球です。チームには、ある程度、そういう戦い方というのは浸透していったと思います」

浜田の大きな方針の中に、自主性の尊重、そして外部からの協力を積極的に受け入れるという取り組みがあった。

「浜田監督は、選手内で考えて、〝こういう練習をしたいです〟と提示すれば、〝やれ、やれ〟と言ってくださいます。また、いろいろな方の力を借りてチーム力を向上させようとしていたと思います」

浜田は、さまざまなネットワークを駆使して人材を集め、チームの総合力を高めることに手腕を発揮した。

ＰＬ学園や巨人軍で活躍した桑田真澄と、桑田とはＰＬ時代に同期だった今久留主《いまくるす》成幸（明治大学から横浜大洋へ）を特別コーチに招聘《しょうへい》したのも、浜田である。

以前からバッティングの指導をおこなっていた元中日ドラゴンズの谷沢健一を含め、豊富な指導陣によって、技術の向上に努めた。

連敗脱出には、彼らプロの力がどうしても必要だった。

この冬、浜田体制にもうひとりの手《て》練《だ》れが入ってくる。平成十九年から二十一年の三年間、東大野球部の監督を務め、その後、早大本庄高校や東京情報大学の野球部監督として手腕を発揮してきた中西正樹である。

中西は大阪の東海大仰星高校出身で、高校時代から勝負にこだわったレベルの高い大阪の野球を経験している。厳しい指導と緻密な野球理論に定評があった。

その中西が招聘されたのである。チームの底上げは、確実に実りつつあった。

キャッチャーの喜入は、中西助監督とおこなったビデオ分析が大きな意味を持ったと言う。

「中西さんがいらっしゃってから、毎週二、三回、夜八時から十時まで、一誠寮でリーグ戦の試合を全部ビデオで観て、何が問題なのかをすべて分析していったんです。基本的には中西さんと二人で見たんですけれども、そこに後輩たちが来たりもしました。そのノートは今も残っています。試合を見て、具体的に話をしていったんです」

喜入は、対戦相手一人ひとりに対しての「対策」をつくりあげていった。そして、ピッチャーとそれを共有していったのである。

「僕は、オフ期間は、百時間ぐらい動画を観つづけて、バッターの分析をしました。打順もいろいろ考えて、仮想スコアを書いたりして、一人ひとりをどう抑えるかということや、打線としてどう抑えるか、また、試合としてどう抑えるかということを、全部シミュレーションして、試合に入るようになりました。
僕がまず分析をするんですけれども、ピッチャーも、〝喜入さん、どうしたらいいですかね〟と聞いてくるので、〝このバッターはこう抑える〟という風に、一緒に動画を観て、まず、このバッターはこうだよ、次はこうだよ、とミーティングをしていきました」

その結果、どんなことがわかったのだろうか。

「僕は、東大のピッチャーは絶対にボール球が必要だと思うんです。ボール球で抑えるやり方を筋道を立てて、ピッチャーに教えました。〝このバッターは、最終的にこのボールで空振りを取りたい。そうしたら、まず、こう投げて、次にこう投げて、こう投げて、それでバッターにこういう意識を持たせて、ここに投げれば決まるよ〟という風に話すわけです。

逆算して話していきました。空振りは取れないかもしれないけれども、ファウルと見逃しは取れますからね。ファウルは、タイミングを外せばいい。見逃しは、そもそもバッターが待っている球を投げなければ取れる。これは、賭けですけどね。ファウルを取ってフルカウントに追い込む。追い込んでからボール球を使うことが大事なんです。勝つにはこういうことが必要だというのを感じて、それを実行していきました」

チームの意識は着実に変わりつつあった。

運命のリーグ戦

平成二十七年の東京六大学は、開幕から雰囲気が明らかに違っていた。

前季優勝の明治大学と八十六連敗中の東京大学との開幕戦で、東大はいきなり激しい闘志で明治とがっぷり四つに組み合ったのである。

先発は明治が三年生エース、柳《やなぎ》裕也《ゆうや》（現・中日）。東大も三年生の本格派、山本俊《しゅん》である。両者とも百四十キロ台後半のスピードを持つ剛速球右腕だ。

山本俊は、愛知県立西春《にしはる》高校の出身で、二浪した苦労人である。浪人の間、「東京大学」と刻印された硬式ボールを目の前に置いて受験勉強してきた選手だ。

浜田監督は、監督に就任する前に進学塾のＡｉ西武学院を経営するかたわら、東大野球部のスカウト担当の任にあり、全国の進学校をまわって選手たちを勧誘している。山本は、そのときに見出された選手のひとりだった。

スカウトといっても、東大野球部の場合は特殊だ。

難しい入学試験があるだけに、仮に東大を受験し、不合格になった場合は、「浪人」してもらわなければならない。これは、ほかに早稲田や慶應などに現役合格しても、それを蹴って「浪人してください」という意味である。

つまり、東大野球部のスカウトとは、そのことを親御さんや本人にお願いするために存在すると言ってもいいだろう。高校時代から百四十キロ台のスピードボールを投げていた山本は、東大スカウト陣の目に留まっていたのである。

「僕が高校三年生の五月頃、ちょうど定期テストが明けたあたりだったと思いますが、浜田さんがいらして、練習を見てもらったんです」

山本が東大を目指すきっかけはこれだ。

「たくさんの言葉を交わしたわけではありませんが、浜田さんが書いた『逆転勉強法』という本と、〝東京大学〟と書かれた硬式ボールをもらって、〝がんばってね〟と言われたんです。感激しました。高三の夏の大会が終わった時点では、僕とソフトバンクへ行った千《せん》賀《が》（滉大）と、名古屋大学からトヨタ自動車に入った七原《ななはら》（優介）というのがいて、この三人が、愛知県の公立高校では百四十キロを超えるトリオみたいな感じで言われていたんです。

（学力は）現役のときは全然無理だな、と思いましたが、一浪で落ちたときはショックでした。結果が開示されたら、たった〝三点〟というギリギリの点数で落ちていて、違う学部だったら合格の点数だったんです。それで二浪になって、翌年合格して、入部しました」

執念で念願の野球部入りを果たした山本だが、不運に見舞われる。

「二年半、野球から離れていたわけですが、自分ではそんなに身体がなまっているとは思っていなかったんです。それでも、急に投げたら肩が壊れるだろうと思って、あまり強くは投げなかった。しかし、スイングとかはできるだろうと思って練習に行って、フリーバッティングをやったら、自打球が右足の甲に当たって骨を折ってしまったんです。それで一ヵ月半ぐらい練習ができなくなって、一気に身体が駄目になりました」

二年間の浪人生活を経たのちの骨折。結局、山本は実質的に丸三年、野球から遠ざかった。そして、なまった身体を一から鍛え直してマウンドに上がったものの、強豪私学の壁はやはり厚かった。

「僕の球種は、真っすぐと、横にちょっと曲がる高速スライダーみたいなのと、あとは落ちる系の球です。フォークはそれほど自信がなかったので、勝負球でフォークを使う気はなかったですし、見せ球として使うぐらいでした。それよりも、ストライクを取るのが横のスライダーだったので、真っすぐとそればかりでしたね。球速は出ていたんですが、球自体は全然よくなかったです。

身体が硬くて足をついたときに体が開くので、球が見えやすいと言われていました。イチ、ニ、サンで投げるから、タイミングが取りやすくて、どうしてもイチ、ニ、サンで打たれてしまう。三年生になるぐらいから、より工夫をしましたが、結局、球自体がよくなかったのが成績の悪かった一番の原因だと思っています」

山本に貴重なアドバイスをしてくれたのは、桑田真澄・特別コーチである。ピッチングのすべてを知り尽くした桑田ならではの指導だった。

「桑田さんは、投手陣にさまざまなアドバイスをしてくれました。たとえば、〝アウトローに投げれば、そんなにかっ飛ばせる打者はいないよ。でも、ここに投げるのは一番難しい。しかし、これができるようになれば、ほかのこともできるようになって、どんどん投球の幅が広がっていくよ〟ということを言われました。でも、僕に対してはちょっと別で、〝君は力で押せるタイプだから、それをちゃんと極めていく方がいい〟とアドバイスされたんです」

山本にとって、このうえない重要なアドバイスだった。

「桑田さんはパワーピッチャー系ではないので、僕に技術的にパワー系はこうするんだ、ということは仰らなかったです。しかし、アウトステップしているから身体が開きやすいということで、どうやってこれを抑えるか、そのために、どうやってトレーニングをするか、そういうことを教えてもらいました。

身体を開かないようにするために〝右のお尻に乗せる〟ということをよく言われました。これは、感覚的に言えば、右足一本で立った時に、ここ（鼠《そ》径《けい》部）にお尻を乗せるという感じですかね。僕は上半身の力が強いので、下半身の力が伝わらなくても投げることができてしまっていたので、下半身の力をちゃんと伝えるんだよ、と教えてもらったんです」

その感覚を意識してトレーニングした結果、どうなったのだろうか。

「足がついた瞬間に腕が出てくるんじゃなくて、一瞬、間があってから出てくるようになりました。二年の秋の最後の試合で、それがちょっとできるようになって、その感覚がいいな、と思ってトレーニングを続けて、三年の春にはだいぶよくなったと思いました」

こうして、山本は飯田主将のもと、平成二十七年春の開幕戦に臨んだのである。

しかし、一回裏に、明治は早くも最多安打の六大学記録に猛然と突き進む三番・高山俊が山本から二塁打を放って先制。五回裏にも六番・上西達也のタイムリーヒットで一点を追加する。だが、自慢の強力打線は山本の威力のあるストレートとスライダーを前に連打を奪えない。

山本が五回にマウンドを降りても、そのあとの柴田叡宙、宮台康平という二年生ピッチャーが力投。明治打線は沈黙したのである。

結局、東大は柳に三安打に抑え込まれるが、スコアは〇対二。ワンチャンスで「逆転」

できるロースコアの試合をやってのけた。

　キャプテン飯田は、大きな手応えを感じていた。

「明治との初戦は負けましたが、失点を減らすことが一番のチームの目標だったので、ある程度はできたかな、と思います。僕が下級生のときは、一点をやるとこっちが苦しくなるから、一点をやらないという考え方でやっていたので、逆に、それが大量失点につながりました。やっぱり、最終的に何点に抑える、というイメージを持って、一点やっていい時は、一点やっていい。一点でそこを切り抜けるという、先の展開を考えた試合運びができるチームを目指しました。そうなれば、ある程度失点は減るだろうと思っていました」

　その後も健闘はつづく。翌週の四月十八日におこなわれた早稲田との一回戦でも、東大は食い下がった。

　三回裏に一点を先制されるも、六回表に二年生ながら四番に座った強打の楠田創《はじめ》が二人のランナーを置いてタイムリーツーベースを放ち、逆転する。

　東大応援団は騒然となった。

　試合はその後、六回、七回と山本俊、柴田が踏ん張り切れず、計四点を失って逆転を喫し、二対五で敗れた。

　しかし、東大ナインの立ち向かっていく気迫は、応援団に「もしかしたら……」という思いを抱《いだ》かせるに十分だった。

「何試合にひとつ接戦があるというのではなくて、どの試合もどの試合も接戦をして、対等に戦えるんだという気持ちを持つのが大事だと思っていました。早稲田に負けた試合も、序盤から失点という試合ではなかったですからね。試合後のミーティングでは、暴投だったり、防がなければいけないミスも出ているので、それをなくそう、とみんなに伝えました」

飯田は、やってはいけないミスをしたり、同じ失敗をくり返したら怒った。

「それと、状況がわかっていないミスをしたりしたときですね。しかし、基本的には技術不足の点については、〝練習してくれ〟としか言いようがないので、それは自分もお互いさまだし、仕方がない。とにかく、チーム全体でミスをなくすことを考えました」

しかし、健闘する試合もあるものの、以前のような「大敗」も相変わらずあった。

「早稲田に負けて九十連敗を喫したあと、慶應に〇対八で負けて九十一連敗になりました。その次の試合は、二対九で負け、九十二連敗となったんです」

五月九日、東大は立教と対戦した。ネット裏では、開幕以来の健闘ぶりから、もし東大が連敗に終止符を打つとしたら「相手は立教ではないか」と囁かれていた。

大阪桐蔭で春夏連覇を果たした藤浪晋太郎（阪神）の控え投手だった本格派の澤田圭佑

投手（現・オリックス）が三年となり、戦力は上向きではあったものの、立教にはつけ込むスキがあるのではないか、という予想である。

しかし、先発の山本俊が初回、立教に四失点を喫してしまう。いきなり決定的なハンディを負った東大だが、それでも気迫は衰えなかった。三回表に一点を追加されて〇対五になったとき、それまでの東大なら、「やっぱりだめか」という気持ちに陥っただろう。しかし、ナインは旺盛な闘志を発揮する。もちろん飯田キャプテンも気力を漲らせていた。

「三回裏にツーアウト二、三塁で、僕の打席にまわってきました。ピッチャーは澤田です。なんとしてもランナーを返さないといけないと思いました。球にキレがありましたが、真っすぐを狙っていました。初球にその真っすぐが来たので、センター前に返したんです。まだあきらめないぞ、という気持ちで打ちました」

二対五。さらに七回裏には、二年生の四番・楠田がランナー二人を置いて、タイムリーヒットを放ち、二点を奪取する。四対五と一点差に迫り、立教のエース澤田をマウンドから引きずり下ろすのである。

だが、澤田を救援した四年生の小林昌樹投手の速球を前に、東大打線は3三振を喫して封じ込まれる。しかし、この試合も、〇対五から四対五まで詰め寄る試合展開に、東大ナインはもちろん、スタンドの応援団も〝なにか〟を感じとっていたのではないだろうか。

翌日の対立教二回戦では、百五十キロの快速球を持つ田村伊《い》知《ち》郎《ろう》投手（現・西武）の前にわずか二安打で完封され、東大はいよいよ九十四連敗となった。

そして、運命の法政戦を迎えるのである。

歴史に残る激戦

優勝候補の一角、法政大学はこのとき六勝三敗、勝ち点三。首位早稲田を勝ち点一差で追う二位だった。

優勝を目指す法政と、連敗脱出を狙う東大が激突した五月二十三日の試合は、歴史に残るものとなった。

東大の先発は山本俊、法政の先発は一年生、森田駿《しゅん》哉《や》。

森田は富山商出身。前年夏の甲子園で三回戦に進出し、プロの注目を浴びていた。左腕からくり出すストレートは百四十八キロを記録し、ブレーキの効いたスライダー、カーブ、チェンジアップは六大学の並みいる強打者を翻弄し、すでに開幕戦で慶應から10三振を奪い、初勝利を挙げていた。

この試合、両投手とも百四十キロ台後半のストレートを軸にピッチングを組み立てた。先手をとったのは法政だ。二回裏、下位打線が山本の球をじっくり見てチャンスを掴むと、一年生エース森田が山本の変化球を捉えて、先制点を挙げた。

しかし、今度は五回表に、東大の先頭バッターの山本俊が鮮やかなセンター前ヒットを放つ。ここで浜田監督が動いた。山本にピンチランナーを出したのである。ピッチャーの山本に代打を出すのではなく、山本がヒットを放ってから「代わった」のである。

「監督は、僕が行きたいと言えば、もう一イニング行かせてくれたと思うんですが、チーム的に、これ以上いったら点数を取られるからというので、〝交代でいいか?〟と聞かれて、代えてくださいと言いました」

山本は舞台裏をこう明かす。

「しかし、そのとき誰も代打の準備をしていなかったんです。それで監督に〝じゃあ、俊、ヒット打ってこい〟と言われて、わかりましたと言って、ヒットを打って代わりました。まわりの人からも、もう一イニング投げたら勝ち投手の権利があったのに、と言われるんですが、僕のわがままでそこで点を取られるよりはチームの勝ちの方が重要なので……。浜田監督があの判断をしてくれてよかったと思っています」

山本が打ったヒットを東大は得点に結びつけた。四球とバントで迎えた一死二、三塁。二番の飯田に投じた森田の三球目はホームベース手前で大きく弾むワイルドピッチとなる。ボールが後方に転がっている間に、ランナー二人が一挙生還、東大は二対一と逆転を果たすのである。

法政は、飯田がバットを出していたのではないか、ファウルではないのかと抗議したが、判定は覆らなかった。

東大は二番手三木豪が一イニングを〇点に抑えると、六回から二年生の宮台康平を起用。しかし宮台は制球が定まらず、六回こそ抑えたものの、七回は四球と連打で一挙に三点を失い、二対四と逆転を喫してしまう。

だが、東大は引き下がらない。八回、法政三番手の川名健太郎投手から四死球と楠田の犠飛で一点を返し、二死三塁で、山田大成がバッターボックスに向かう。

法政の川名は、百九十一センチの右投げの大型サイドハンドだ。左バッターの山田にとってはボールが見やすいタイプだ。

（思いっきり打つ）

山田の頭の中はそれだけだった。完全に集中できていた。バッターボックスに入って集中したときに球場内のすべての音が消えていた。もちろん応援団の声や音もなくなった。

山田は、極限まで集中した状態を「ゾーンに入った」と表現する。まさに真空である。なんでも打てる。その「極限状態」に山田は入っていたのである。

一球目は、外にはずれるボール。よく球が見えていた。

二球目。ストレートだ。外寄りの球だった。山田は、バットを振り抜いた。

（抜けた！）

快音を残して打球はまっすぐ右中間へ。打った瞬間、右中間を抜くことがわかった。

山田はかつてない感覚を味わった。

「それまで、音も何も聞こえていなかったのに、右中間にボールが落ちた瞬間に歓声がザーッって聞こえてきたんです。ボールが地に落ちた瞬間に、ヒットが確定する。つまり同点が確定するわけじゃないですか。二塁を蹴って三塁に向かうときに、三塁側が東大の応援席なんです。走りながら三塁ベースしか見てないのに、そのうしろの応援席がすごい揺れているのがわかったんです。

見たことのないような感じで、ワーッと沸いていて……。それまで無声だったのが、まわりがバーッと盛り上がって、滑り込んでベースに立ったときは、よっしゃーって思いました。本当にすごい沸き方だったんです」

ひょっとしたら、東大が勝つんじゃないか。九十四連敗でストップするんじゃないか。

異様な空気に球場は包まれたのである。

山田は高揚した気分の中にいた。

「それまでは、同点になってもそこで押し切られるのが普通でした。先制して、追いつかれて、逆転されて、もう一回追いつくっていう展開は、入学して初めてだったと思います。スタンドがもう異様な雰囲気だったので、これは、もう東大は連敗が止まるんじゃないかということで、その時点ですごい空気になっていたように思います」

同点の場面でマウンドを託されたのは、柴田叡宙だった。山田の同期である。

「柴田は落ち着き払っていましたね。でも、最初のバッターにデッドボールを当てたんです。おっ、やばいか、と思ったんですけど、あいつは、ひょうひょうとしていました。それで、その後をしっかり抑えたんですよ」

柴田は、登板を待つ間、ずっと「自分が接戦で抑えて勝つ」と念じていた。その柴田に出番がまわってきたのである。

「自分の出番が近づいてくると、やはり手と足が震えるぐらいドキドキしますね。ブルペンで、前のピッチャーに〝絶対、抑えてくれ〟と祈りながら準備をしていました。宮台も打たれて、最後、自分しかいないという状況になって出番が来ました。もちろん緊張はしたんですが、〝絶対に抑えるぞ〟と思ってマウンドに上がりました」

その前のカードあたりから柴田の調子は上がってきており、紅白戦でもいいピッチングができていた。しかし、いきなり初球がデッドボールだったのだ。

「マウンドに上がったときに喜入さんから〝いつもの感じでいけば大丈夫だから〟と言われたので、いつもどおりにいこうと思いました。喜入さんはいつもそういう声をかけてくれるんです。初球のデッドボールで〝やってしまった〟と思いましたが、まだノーアウト一塁で、一個ずつアウトを取っていけば大丈夫と、気を取り直して投げました」

ここで法政はエンドランをかけてきた。バッターは高めの球を空振りし、結果は「盗塁」となる。八回裏四対四の同点、しかも、ノーアウト二塁である。

法政は送りバントで一死三塁とする。一点を失えば、そのまま九回が東大の最終回になってしまう。どんなことをしても「一点」を凌がなければならない場面だった。

法政は、途中からサードの守備についていた四年生の皆川普が打席に立った。

「ベストは三振なんですが、それまでのリーグ戦の経験を振り返っても三振は狙ってとれるわけじゃない。自分の一番いいボール、いい配球で、投げ込んでいくしかないと思いました。結果、選んだのはスライダーです。

スライダーを二球続けて、二球目がいいところに決まりました。バッターの一球目の反応があまりよくなかったので、狙ってない感じがしました。それで、もう一球続けようと思って、いい球がいったんです。これを打ち上げてくれて、キャッチャーフライになりました」

二死三塁。皆川に犠牲フライを打たせることなく、柴田は渾身のスライダーでツーアウトにこぎつける。

「ツーアウト三塁になって、平常心になりました。喜入さんが捕ってくれたあのキャッチャーフライは大きかったですね。打順はトップに戻って田中（彪）選手でしたが、スライダーでセカンドゴロに抑えました。ゴロがセカンドの飯田さんのところに飛んだので、あっ、大丈夫だと思いました。ワンアウト三塁という厳しい状況だったので、チェンジになってベンチに帰ってきたときは、正直、ホッとしました」

東大ベンチからは、間断なく味方を鼓舞する声が飛んでいた。

四年生の高木一史である。いつも裏方でチームを支えてくれる選手だった。この試合すべてを通じて、彼はチームを声で支えていた。

負けてたまるか。その気持ちは、チーム全員に浸みわたっていた。

「この日は、四年生の高木を入れたんです。彼が、声を出しつづけてくれました。試合が終わったとき、声はがらがらになっていましたね」

浜田監督はそう高木をねぎらった。

異様な空気の中で

　試合は、死闘の様相を呈してきた。

　九回は、ともにリリーフの法政・宮本幸治、東大・柴田の両投手が踏ん張った。「一点」がすべてを決めるという緊迫した中、二人のピッチャーはプレッシャーをはね除《の》けた。法政は強かったので正直きついという思いがあった、と喜人は吐露する。

「終盤までもつれて、宮台が打たれたときに、三年生以下にしてみれば、〝ああ、またか……〟という感じだったんです。でも、キャプテンの飯田さんをはじめとして、四年生が〝いや、絶対勝つ〟と、すごく引っ張ってくれました。僕らも懸命に、いける、いけるぞ！　と声を出しました」

　降板した山本俊も声を出しつづけた。

「飯田さんは、有井さんたちの代が一度も勝てずに卒業することが決まったとき、一番悔しがった人なんです。もちろん有井さんの代の人たちは、すごく悔しがっていたんですが、飯田さんは一年下なのに死ぬほど悔しがって、ずっと泣き崩れていました。〝本当にごめんなさい。自分の力不足が……〟と、すごく責任を感じていた人なんです」

その飯田キャプテンのもと、東大ナインは一丸となっていた。山本もまた先輩たちの無念を受け継いでいた。

「勝ちのないまま卒業していった有井さんの代は、〝悔しい。勝ちってどんなんやろうな〟〝僕らは経験できていないから〟ということを仰っていました。僕らは、そういう先輩たちの思いを背負ってやっているという意識がありました。どこをどう変えていこう、どこは引き継いでいこう、というのを常に考えてやっていたと思います。とにかく、あきらめるわけにはいかなかったんです」

ついに、試合は四対四のまま延長にもつれ込んだ。

絶対に勝つ――。その執念は明らかに東大が上まわっていただろう。

十回表、法政は一年生の菅野《かんの》秀哉をマウンドに送った。百八十三センチの長身から百五十キロ近いストレートを投げ込む期待の新人だ。福島の相馬出身で小高工業から入ってきた菅野は、法政の未来のエースとして関係者の大きな期待を受けていた。

しかし、神宮でのマウンド経験は、二週前の対早稲田戦でたったひとりの打者に投げたのみ。神宮球場のこの異様な空気に一年生が耐えられるかどうかがポイントだった。

果たして菅野は、ブルペンでの快速球が影をひそめた。一番・長藤《ながふじ》（祥悟）がセンター前にクリーンヒットを放つと、ベンチからは二番飯田にバントのサイン。しかし、バントシフトでファーストが前に出てきて、セカンドが一塁に入るのを見た飯田は、バットを引いてライトに流し打った。

（抜けた！）

相手守備を見ての咄嗟《とっさ》のバッティングである。高校時代から強豪私学を倒すために精進を重ねた飯田らしいセンスだった。

ノーアウト一、二塁である。

つづく山本克志は送りバント。一死二、三塁となった。

応援席の悲鳴に近い声援が東大ナインの背中を押していた。

（もう、ここしかない……）

ここで、バッターは二年生ながら四番の重責を担う楠田。楠田の打球はセカンドへ。法政の二塁手、若林晃弘が一瞬、ジャッグルした。

（あっ）

ボールを握り直した若林は、本塁へ送球。しかし、間一髪で長藤がすべり込んでいた。

セーフ！　一点！

フィルダースチョイスである。延長十回、東大にとって、まさに値千金の「一点」だった。

五対四。ついに東大がリードを奪ったのである。

つづく山田も二年生だ。楠田と同じく、いざというときに頼りになるバッターだ。山田は、ずっと菅野のピッチングに対してタイミングを計っていた。

菅野のツーツーからの五球目、山田が放った痛烈な打球は、ファースト柴田圭輝を襲った。

（いける！）

その瞬間、三塁ランナー飯田のスパイクは、グラウンドを蹴っていた。

柴田は強いゴロを胸に当てて前にこぼした。すかさずボールを拾ってバックホーム。飯田はまわり込みながら、ヘッドスライディング！

セーフ、セーフ、セーフ！　土煙の中、飯田はホームベースを陥れていた。

二点目もフィルダースチョイスだ。東大は、まさに法政から二点を「もぎとった」のである。

どよめきと拍手が収まらない。東大応援席は揺れていた。スタンドは、東大応援歌「闘魂は」の大合唱だ。

球場が騒然となる中、八回、九回をゼロで凌いだ柴田が十回裏、三イニング目のマウンドに上がった。

「二点取ってくれたというのは大きかったです。ソロホームラン一本打たれてもオッケーですからね。そう考えると、どんどん勝負していけると思いました」

柴田の落ち着きは、東大にとってなによりの力となった。

「一番いけないのは、フォアボールだなと思っていました。普段は三振が取れないんですが、その試合は調子が良くて、前のイニングの九回に三振を二個取れていました。それで、腕を振って思いっきり投げました。二死からセンター前ヒットでランナーを出したんですが、そのあとの森川というバッターはホームランがあるわけではなかったので、自分のできることをしていくだけだ、と思いました。やはり、二点差というのがすごく大きかったと思います」

同じように勝負するだけだ。柴田－喜入のバッテリーに迷いはなかった。渾身のボールがミットに向かって投ぜられた。

「最後はまっすぐでした。三球目のストレートで空振り三振です。あの瞬間は忘れられないです」

勝った！

東京六大学の連敗記録が「九十四」でストップした瞬間である。柴田は見事に歴史的な試合の「勝ち投手」になったのだ。

歓声が神宮球場を支配した。

　だが、東大ナインは意外なほど淡々と試合後の挨拶のために整列した。

「リーグ戦は勝ち点で順位を争っているので、勝ち点を取らなければ意味がありません。つまり、一勝だけを求めていたわけではありません。勝った時には次の試合のことを考えました」

　キャプテンの飯田は、すぐに気持ちを切り替えていたのだ。

「整列をして、ベンチに戻っていくときに、ベンチの中でも、〝おっしゃ、次だ！〟という声が出ていたので、僕ももちろんそう思っていたんですけれども、ベンチにそういう声が出ていたのを聞いて、〝一個勝って満足しているようなチームじゃないな〟というのがわかった。いいチームになってきているなあ、と感じました」

　それは、中西助監督が口を酸っぱくして言いつづけた〝あること〟のせいだったかもしれない。

「勝ち点三が目標ということは、六つ勝つということだ。六つ勝とうとするチームが、一勝したぐらいではしゃいだりするのか。明治や法政が一勝したからといって喜んでいるか？　自分たちが勝ったときのことをイメージしてみろ。そのことを頭に置いて練習しろ」

中西の教えは、たしかにそのとおりである。私学の強豪が、わずか一勝で喜ぶはずはない。そのことが東大ナインには理解できていたのである。

飯田は、あの緊張感が未来を拓《ひら》いたと思っている。

「僕らの代は、勝ちを知らなかったところから、まず勝ちをわからせて、そしてその先もあるということを、次の代に伝えられたと思います。チーム全体が、連敗を止めることを目標にしていたわけじゃないということです。そのあとも勝って、順位をひとつずつ上げて、六大学の中で対等に戦って存在意義を示す。そういう感覚を持っている人がどんどん増えてきたと思います。僕たちの代がやったことが、〝その後〟につながっているのかな、と思います」

その志こそが、このとき東大に「一勝」することが許された最大の理由だったのかもしれない。

「勝因は逆転された後のメンタルですね。トンネルを抜けるとそこは雪国どころじゃない、地球を一周ぐらいする感じでしたよ」

試合後、浜田監督はベンチ裏で記者たちに囲まれ、冗談めかしながらも喜びを隠さなかった。東京六大学も、東都大学リーグも、試合が終わると監督がベンチ裏で記者たちの取材に答えるのが慣例だ。

「今シーズンは、接戦を二回やったんですよ。早稲田と、今日です。逆転した試合もあったし、だから俺たちは行けるんだという思いが選手たちにあって、こんなふうに二回逆転した試合をできるまで成長していた。正直、僕はここまで（成長している）とは思っていなかったんです」

浜田は、胸の内をそう明かした。

「勝つときというのは、こっちが先制して、相手が焦って一対〇とか二対〇とかで勝つようになるかな、と考えていました。ところが立教の試合で、五点差を四対五まで持っていきました。そのあたりから、逆転できるマインドができて来たなと思ったんです。なにより気持ちがワーッとなっていました。法政さんが丁寧に勝ちにいこうと思って、硬くなっていたと思います。まだ優勝もかかっていたし、東大にはしっかり勝っていこうという思いが空まわりした面があるかなと思います」

浜田はそこまで一気に話すと、

「今日はとりあえず一杯やります。助監督の中西と明日の作戦もあるので……」

と笑顔を見せた。

のちに浜田は、それまでの心境を筆者に率直に打ち明けている。

「監督になった時は、たまたま一個勝つというのがどこかであると思っていました。もともとの監督の任期は三年でしたが、やはり、一度も勝てずに百連敗して終わるという恐怖感が湧き上がってきました。百連敗というすごさ……これは歴史の教科書に載るレベルということです。もがきました。いろいろな監督に相談しましたよ」

その中で一番心に残っているのは、九州共立大学の前監督、仲里《なかざと》清の言葉だったという。広島カープの大瀬良《おおせら》大地投手を育てた名将だ。

「一年やって勝てなくて、九州キャンプのときに〝なかなか勝てないんですよ。練習をどうしたらいいですかね？〟と伺ったら、仲里さんが〝勝っているときも、負けてるときも、同じ練習をしてるよ〟と仰いました。練習を工夫してどうこうなるよりも、もっと精神的なところがあるんじゃないかと感じる言葉でした」

浜田はほかにも、いろいろなリーグの監督から意見を聞いて回った。

「監督はとにかく煙たがられてちょうどいい。厳しくやらなきゃダメなんだ。練習の内容よりも、そっちだ」

「いつ二部に落ちるかと思って不安で不安でしょうがない。それは、監督をやっている間は抜けられない。みんなそういう中で戦っている」……

浜田は、ほんの少し気持ちを軽くした。

「東大のOBでは、平野（裕一）さんから〝一個勝つためには、捨てなきゃいけないことがたくさんある。十や二十負けたってどうってことないよ〟と言われました。平野さんのあとの監督の三角《みすみ》（裕）さんからも同じようなことを言われました。要するに、捨て身でやらなきゃいけない。そのためには十や二十負けることは問題ではない、と。いろいろな監督さんたちの意見や言葉を聞いて、少し心がやわらぎました。みんな悩んでいるんだなあ、と思いました」

百連敗の恐怖――それは、味わったものにしかわからない孤独の感覚だっただろう。

第七章　現われた怪物

宮台康平投手
平成二十六年入部

うなりを上げる剛速球

（なんだ、こいつは……）

度肝を抜く快投だった。うなりを上げるストレート、そして威力抜群のシンカーに、早稲田の打者が〝軸〟を完全に崩されていた。

平成二十八年四月九日、東京六大学春季リーグ戦の開幕戦は、ひとりのピッチャーに観客の視線が釘づけになっていた。

東大のエース宮台康平。三振を喫するごとに、早稲田の各バッターの溜息が聞こえるかのようだ。

（このピッチャーを打ち崩すのは、今のうちの打線では無理だ……）

早稲田の高橋広監督は思わず唸った。

前年に監督に就任した高橋は、いきなり一年目に春・秋のリーグ戦を制し、しかも全日本大学選手権も優勝、秋の明治神宮大会は準優勝という抜群の成績を収めていた。

しかし、重信慎之介や茂木栄五郎らチームを率いた四年生がごっそり抜け、打線の弱体化は否めなかった。

早稲田の打線は、イニングが進むごとに三振が積み上がっていく。三年生となった宮台は、明らかに前年までの宮台とは異なっていた。それほど宮台の投球は圧巻だった。百四十五キロのストレートもさることながら、とにかく腕の振りがコンパクトで、出どころがまったく見えないのである。身体の向こうに隠れていた腕から、いきなり剛速球が向かってくるのだから、アマチュアのバッターに打てるはずがなかった。

この投げ方は、宮台が意識してつくり上げたものである。

「バッターに腕が見えないように投げるというのは、ずっと意識してやっていました。腕を小さくテイクバックしてコンパクトに投げるんです。出どころは見せません。僕の特徴ですね」

宮台本人はそう語る。コンパクトなフォームからくり出された百四十キロ台半ばのストレートはホップし、早稲田打線を沈黙させたのである。

一方、東大打線は、四回まで毎回ランナーを得点圏に進め、七回には二死満塁と早稲田の左腕エース・大竹耕太郎（現・ソフトバンク）を攻めた。しかし、どうしても〝あと一本〟が出ない。

試合は、九回の攻防で明と暗が分かれた。

九回表、東大は、先頭の代打・下雅意《しもがい》拓哉が二塁打を放ち、力投のエース大竹をマウンドから引きずり下ろした。

東大応援席が総立ちとなる中、リリーフの小島《おじま》和哉がマウンドへ。平成二十五年、浦和学院を選抜甲子園で優勝に導いた左腕ピッチャーである。

大声援を受け、次打者の宮台が左バッターボックスに入った。宮台はバッティングにも非凡なものを持つスラッガーだ。

小島は宮台を四球で歩かせ、無死一、二塁。次打者の桐生祥汰は内野ゴロ。宮台が二塁ホースアウトで一死一、三塁となった。決定的なチャンスである。

ここで宇佐美舜也がスクイズの構えを見せた間に、桐生が二塁を陥れた。一死二、三塁だ。

東大は、ここで奇策に出た。三塁ランナーと打者との間のヒットエンドランである。下雅意に代わってピンチランナーになっていた田畑亮がスタートを切り、バッターの宇佐美が打って出たのである。

小島のキレのあるボールに対して「スクイズは無理」と判断した浜田監督の意外な作戦だった。しかし、この奇策も、宇佐美がファウルして実らなかった。

結局、宇佐美は三振。二死二、三塁となる。

キャプテンの山本克志がバッターボックスに入るが、サードゴロに終わり、チャンスは潰《つい》えるのである。これで東大の残塁は十一に達した。

九回裏の早稲田の攻撃は東大とは対照的だった。ポンポンと簡単に二死になったものの、ここで六番・吉見健太郎が宮台から二塁打を放つ。それまで宮台に2三振を喫し、完全に封じ込まれていた吉見の意地のスイングだった。

次打者は、この試合に三本しか出ていない早稲田のヒットの一本を放っている七番の三《み》倉《くら》進だ。どんな球にも食らいついてくる嫌なバッターである。

すかさずマウンドに走る浜田監督。なにがしかの指示を与えて浜田はベンチに戻った。

ここで三倉は、宮台の百三十九球目の高めの球にバットを出した。

ふらふらと上がった打球はレフト前に。東大応援団の悲鳴の中、レフトとショートの間に球はポトンと落ちた。二死だっただけにスタートを切っていた二塁ランナー吉見は一気にホームを駆け抜けた。

早稲田、土壇場のサヨナラ勝ち――。

打線の援護がなく、宮台は〇対一の九回サヨナラ負けを喫したのである。

だが、彗星《すいせい》のごとく現われたこの剛速球投手にネット裏の記者席は大騒ぎになった。

宮台が奪った十三個の三振は、昭和二十年代を代表する東大のエース山崎諭投手が昭和二十一年に慶應相手に樹立した一試合最多十二奪三振の東大記録を七十年ぶりに塗り替えるものだった。

「(宮台は)まだ三年。いったい、あと何度対戦しなければいけないのか、思わず数えてしまいました」

早稲田の高橋監督は、取り囲んだ記者を前に、そんな本音を洩らした。

宮台のとてつもない実力を一年のときから最も間近で感じていたのは、のちに学生コーチとなる同期のキャッチャー田宮克真だろう。

「一年のときから宮台はすごかったです。手元で浮き上がってくるキレのあるストレートを投げました。すごいなと思ったのは、コントロールももちろんよかったんですが、シュート回転したりすると、自分で〝いまシュート回転したから、次はバックスピン投げるよ〟と言って、綺麗なバックスピンをミットをかまえたところにズバッと投げてくるんです。神奈川のベスト8のピッチャーが入ってくる、キレのある真っすぐがあって、百三十キロ台後半のサウスポーだとあらかじめ聞いていましたが、こいつは本当にすごいピッチャーだと思いました」

宮台の武器は何か。田宮によれば、

「ストレートはもちろんですが、シンカーとスライダーとカーブ。特にシンカーにキレがありました。ふっと来て止まって、いきなり落ちる。ストレートと同じ軌道でツーシームみたいなんですけど、ツーシームよりブレーキが効いています。小さいフォークボールです。スピードはないんですけど、腕の振りがいいので、こう、ふっと来るように見えるわけです。僕は、〝ナイスボール！〟と声をかけていました」

そんなとてつもないピッチャーが突然、東大野球部に現われたのである。

短いイニングの登板をこなしつつ、宮台は次第に神宮のマウンドに馴染んでいく。だが、二年生の秋のシーズンが終わった平成二十七年十二月、右足の内側のくるぶしを疲労骨折する。

リハビリに入った宮台は、年内は安静にして、そのあとのテスト期間が終わってから復帰。しかし、九州でのチームのキャンプに参加せず、東京で居残り組との練習を志願した。レギュラー組ではないBチームでの調整である。そのために宮台の調子は、レギュラー組はほとんど把握していなかった。

そのうえ、ケガ上がりを考慮して、三試合ほど登板したオープン戦でも、ごく短いイニングしか投げていなかったのだ。未知数のままだった宮台の実力は、実質的にこの試合で味方の前でも初めて「ヴェールを脱いだ」ことになる。

東大のキャプテン、山本克志は当時の宮台をこう評価する。

「春のオープン戦はほとんど投げてなかったですが、前のシーズンでも短いイニングはほぼ完璧に抑えていたので、彼の力はわかっていました。しかし、実際にどれぐらいの球が投げられるのか、あるいは、どのくらいの長さを投げられるのか、僕たちも正直、この試合までわからなかったんです」

その宮台が見せた快投。それだけに山本は余計、宮台を助けられなかったことが残念でならなかった。

「宮台が早稲田を完璧に抑えて、しかも、九回を投げ抜いたことは、僕たちにも驚きでした。早稲田の打線を完全に力で抑え込んでいましたからね。僕たちが（バットで）援護できなかったことが本当に申し訳なかったです」

しかし、甲子園を沸かせた早稲田の二枚左腕エースから「あと一本」こそ出なかったものの、リーグ戦に手応えを感じたのは確かだろう。

「バッティング練習をするのを忘れていました。それが敗因です」

試合後の浜田監督は、記者団にまずそんなジョークを飛ばして、試合を振り返った。

「今日の敗因は、九回表の僕の攻撃の采配と、九回裏に、振れているバッターの三倉君に対して、曖昧な指示をバッテリーにしてしまったことです。〝ストライクは要らない。フォアボールでもデッドボールでもしょうがないから、甘いコースに行かないように。ここはボールでもいいよ〟と指示したのですが、監督としては、はっきりと〝歩かせろ〟と言うべきでした」

　緊迫の九回の攻防を浜田は悔いた。東大が九回表の一死二、三塁と攻め立てた場面で、スクイズではなく、ヒットエンドランを仕掛けたことについては、

「あの場面は、スクイズは間違いです。宇佐美の場面は、スクイズの選択肢はなかったです。それは普段の練習を見ていて、ヒットエンドランが最善だったということです」

　小島のキレのあるボールをスクイズで転がすことができるかどうか。日頃の練習から、咄嗟にどちらが成功の可能性が高いかを浜田は判断したのである。

　この試合で、宮台が浜田監督から大きな信頼を勝ち取ったのは間違いない。九イニングを投げ切るというスタミナも、宮台は証明したのである。記者を前にして、浜田はこう断言した。

「初回、緊張してエラーがふたつ、つきましたけれども、守備もよくやってくれました。宮台を途中で代えるということはありません。最後まで、完投を目標にして、おつき合いします」

　東大は、前年春のリーグ戦で九十四連敗を脱する一勝を挙げ、秋のリーグ戦でも一勝。長いトンネルを抜けて、年間「二勝」した。そこに前年とは打って変わった〝怪物〟が登

場したのである。何かを予感させる風が東大に吹き始めていた。

勝負への執念の「根源」

宮台康平は、神奈川県の進学校、県立湘南高校から現役で東大法学部に進んだ俊英だ。湘南高校は、昭和二十四年夏の甲子園で神奈川県の公立高校として唯一の全国優勝を果たし、またプロ野球界に入った佐々木信也や高野連会長を務めた脇村春夫といった〝有名人〟を輩出してきた野球の名門校でもある。なお、脇村は東大野球部の主将も務めている。レベルの高い神奈川県で、最近こそ甲子園から遠ざかっているが、湘南は、かつては野球王国神奈川を代表する伝統校だった。

宮台は、二年のときから湘南のエースである。

その宮台にとって、忘れられないシーンがある。今も思い出すと手に汗が滲《にじ》むほどの強烈な場面だ。

平成二十四年七月十八日、平塚球場での夏の神奈川県大会三回戦、湘南高校対藤沢総合高校の試合はもつれにもつれ、湘南が藤沢総合に六対五の一点差で九回裏を迎えていた。炎天下の平塚球場で二年生エース宮台康平は、熱投をつづけていた。

終盤の展開は、まさに死闘だった。

三対二で迎えた終盤の七回裏、宮台は粘る藤沢総合に二点を奪われ、逆転を許す。湘南も負けじと、八回表に一点を返して四対四の同点に追いつく。しかし、その裏、今度は藤沢総合が疲労の色が濃い宮台を攻め、一点を挙げて再び突き放した。

完全なシーソーゲームと化して、試合は最終回を迎えたのだ。

追い詰められた湘南は粘りに粘り、四球とヒットを足場に二点を奪って、六対五と再逆転を果たす。執念の逆転劇である。最後の夏に賭ける三年生たちの闘志は凄まじかった。

七、八、九回は、チェンジのたびに勝利の神さまが両校の間を行ったり来たりしていた。

しかし、死力を尽くした両校ナインの闘いには、さらに九回裏に、とてつもないドラマが待ち受けていた。

マウンドの宮台は、気力をふり絞るが、藤沢総合も負けてはいない。宮台は二死までこぎつけるものの、満塁の大ピンチを迎える。ツーアウト満塁である。

ここで宮台は左バッターを迎えた。左対左で本来は有利なはずだが、土壇場の場面では関係がない。インコースを突いた球が身体に当たれば押し出しで同点だし、打たれれば逆転負けだ。

両校の応援席が息を呑む中、フルカウントとなる。二死満塁、一点差のフルカウントだった。

ピッチャーは孤独だ。誰も助けてくれない。この極限の緊張状態でも、自分が投げるしかほかに道はない。

ここまで来たら、もはや「悔いのない球」を投げるしかなかった。腕を思い切って振るしかないのである。宮台は、このときの心理、腕の震え、手の汗、指先の感覚……あらゆるものを忘れることができない。

運命の一球は、真ん中低めのストレートとなった。

（あっ）

声を発する間もなかった。

渾身の宮台のストレートは、パチンと弾かれた。打球は、宮台の右方向の足元を襲った。

（しまった）

とても飛びつけるような打球ではなかった。ボールはショートの横を抜けて、無情にもセンターへ。

三塁ランナーは踊り上がってホームイン、同点！

二塁ランナーも一挙、ホームへ。カバーのために、宮台はキャッチャーの後方に走った。

センターからバックホーム！　猛然と二塁ランナーがすべり込んでくる。

「セーフ、セーフ、セーフ！」

七対六、逆転サヨナラ！　藤沢総合のベンチから選手が飛び出してくる。まるでスローモーションを見ているかのようだった。

（負けた……）

その瞬間、湘南高校の三年生たちの高校野球は「終わった」のである。

号泣。ただ、三年生も、二年生も、号泣するしかなかった。

踏ん張れなかった。自分が先輩たちの高校野球を終わらせてしまった。

（申し訳ありません……。すみません。自分のせいで……）

宮台の思いは、なかなか声にならなかった。最後の一球を踏ん張ることができなかった情けなさ、後悔、申し訳なさ……さまざまなものが一挙にこみ上げてきたのである。

宮台は溜息をつく。

「僕が、すみませんと言うと、先輩方は、それでも〝ありがとう〟と言ってくれました。みんな号泣でした。球がセンターから返ってきたシーンを僕はキャッチャーの真うしろで見ていました。セーフだ、負けた……と。あのシーンは忘れられません」

それは、ピッチャー宮台の痛恨のシーンであると同時に、大きな意味を持つものだった。

「僕は、あのときの一球を意識していつも（練習を）やっています。あの一球は、ストライクゾーンに行っています。しかし、結果として打たれている。だから、あそこでバッターを抑えるボールを投げなきゃいけないんです。自分がこれまでで、一番、厳しかった状況といったら、あの場面です。だから、あのときのボールも、場面も、忘れるわけにはいかないんです」

勝負師としての宮台の高い意識をつくり上げた最大のシーン――高校二年で経験したこの「極限の場面」は、宮台に癒しがたい「記憶」とともに、はかり知れない「財産」をもたらしたのである。

打線の不振がつづく

しかし、早稲田との開幕戦のあとも東大打線は不振を脱せなかった。次週の明治戦でもプロ注目の柳裕也投手に打線は完全に沈黙する。

明治・柳と東大・宮台の投げ合いも息詰まる〝ゼロ行進〟となった。前週の早稲田戦につづき、宮台のストレートは明治打線を完全に沈黙させた。

だが、主将でもある明治の柳も負けてはいない。ドラフト一位候補のメンツにかけて、「一点も許さない」気迫の投球を見せたのである。

試合は、九回裏、柳がサヨナラスクイズを決め、明治の一対〇という結末を迎える。前週にひきつづくサヨナラ負け。無念の敗戦だった。

「あの一死三塁の場面は、インコースにウエストして、（スクイズを）ポップフライにするつもりでした。しかし、柳さんがうまかったですね。あの球をきちんと決められてしまいました」

宮台は敗北感を滲ませる。

だが、宮台の快投にマスコミは沸き立った。前週の早稲田戦の快投が、フロックではなかったことが証明されたのだ。

翌四月十六日付のスポーツ各紙は、宮台フィーバーとなった。

東大エース宮台

2戦連続9回サヨナラ負け、また0－1に「悔しい」（日刊スポーツ）

東大初タイトルあるぞ！

宮台、防御率1・06でリーグ5位（サンケイスポーツ）

宮台の実際の球は、球場で見ればテレビの画面に映るものとは比べものにならない威力を持つことがわかった。スピードガンの測定も百四十六キロまで表示し、〝宮台フィーバー〟が巻き起こったのである。

しかし、三試合連続完封負けで、二十七イニングゼロ行進の東大打線に「焦り」がなかったといえば嘘になるだろう。

これほどの投球をつづけるエースを「一点の援護」もできないのか。

しかし、焦っても結果はついてこない。キャプテンの山本克志は、自分たちが掲げている方針をチームに再徹底した。

「相手を助けるようなボール球を振ること、簡単にフライを打ち上げること、そういったことはできるだけ減らしていこう。ボール球を振って三振をしたら相手が喜ぶだけだ。守るときには、一つひとつのプレーにしっかり向き合って、エラーをしない。また、ピッチャーは、無駄なフォアボールを出さないようにしよう」

山本は日頃の心構え、野球の基本中の基本をナインに徹底した。

その成果は、一日雨で順延になった明治との二回戦で見事に結実する。

東大は、初回に明治の先発・星知《ほしとも》弥《や》（現・ヤクルト）の立ち上がりを捉え、内野エラーと喜入のタイムリーで二点を先制した。開幕四試合目にして、東大は初得点を挙げたのである。

「あの初回の二点は盛り上がりました。僕は二番でしたので送りバントでしたね。喜入のヒットはライナーのセンター前ヒット。初得点、そして先制点ということで、ベンチも盛り上がりました」

山本がそう語るように、それはチーム全員が待ちに待った得点だった。試合は、三年の柴田叡宙が力投する。真っすぐとスライダーがコーナーに決まり、さすがの明治打線もチャンスらしいチャンスをつくることができなかった。

しかし、柴田の疲れが見え始めた六回、明治は連打などで二死二、三塁と攻め立て、七番吉田大成のタイムリーツーベースで二点を奪取する。二対二の同点である。

浜田監督は、七回から力投の柴田に代えて、二年の有坂《ありさか》望をマウンドに送った。有坂は百三十キロそこそこのスピードだが、球にキレがあり、打者の両サイドを突くコントロールもあった。

明治打線は有坂を捉えられなかった。七回から九回まで有坂は明治を零封し、味方の援護を待ったのである。

九回裏、東大はサヨナラのチャンスを迎える。

「九回裏は、先頭の山本修が出塁し、代走に岩熊俊介が出て、桐生がバントで送ったんです。一死二塁でバッターは僕だったんですけど、凡退してしまって……」

山本克志はそのシーンをプレーヤーとして、またキャプテンとして振り返った。

「二死二塁で、僕のあとの三番の山田（大成）が明治の齊藤（大将《ひろまさ》）君のボールを完璧に打ったんです。右中間をライナーで割る素晴らしい当たりで、打った瞬間、外野手もあきらめるような当たりだったですね。代走の岩熊がホームインしました。この年の初勝利でしたので、僕自身は、ホッとしたというか、救われた気持ちになりました」

山本は、キャプテンとして連敗の辛さを十分知っている。だからこそ、「救われた」という思いは強かった。

「やはり一勝することの難しさも非常に感じていたので、春が開幕して、早稲田にも〇対一でサヨナラ負けし、明治にも〇対一でサヨナラ負けでしたからね。つらい状況がつづいていたので、本当に救われました。このチームには、最後打ってくれた山田を含め、メンバー的にも前の年から出ている人も多いですし、勝ちも前年に二回、経験してきているので、浮足立つことなくやっていたのかなあと思います」

何度も「救われた」という言葉を、山本は使った。

「だから、山田のことは、後輩ながら本当に尊敬してやまないです。僕の頭の中には、正直、ひょっとして春のシーズンをこのまま十連敗してしまうのではないかという不安がどこかにありましたからね。それを払拭してくれた一打でした。九十四連敗を止めた勝利もありましたが、主将となったあとの勝ちは、また違うものなんだなあ、ということを強く感じました」

東大にとって「ひとつの勝ち」が持つ意味は、ほかの大学とはまったく異なることが窺える話である。

痛感した「勝ち点」の壁

勝負の世界は奇妙なものである。

あれだけ「一勝」のために悪戦苦闘していても、一度目が開《あ》くと、あとはプレッシャーという名の障壁が取り払われてしまうのである。

東大は、ここから躍動し始めたと言っていいだろう。

ゴールデンウィークの最後となった第五週の五月七日土曜日、対立教一回戦に先発した宮台は自信に溢《あふ》れていた。

初回から百四十キロ台半ばのストレートがズバズバと決まった。つけ入るスキがない、という表現がふさわしいだろう。

打線も、立教先発のエース澤田圭佑から四回に先制、七回には宮台自身のタイムリーツーベースで追加点を挙げて四対〇。8奪三振の完封勝ちを収めたのだ。

東大の完封勝ちは、十一年ぶりの快挙だった。

また、翌々週の法政戦でも宮台は四対一で完投勝ち。最速の百四十六キロを記録し、この試合も法政の強力打線から8三振を奪った。

もはや宮台の実力を疑う声はなく、六大学を代表するピッチャーにのし上がったのだ。それとともに東大は、平成十六年春以来、十二年ぶりに一シーズン「三勝」を挙げたのである。

キャプテンの山本克志は当時のチーム状況をこう評価する。

「リーグ戦の後半になるにつれて、打線の方も、私自身の調子も、上がってきました。宮台はコンスタントに素晴らしいピッチングをしていたので、立教戦の勝利というのは勝つべくして勝ったというか、こっちの方が強かったんだなあ、という気持ちで勝てた試合だったと思います。立教戦と法政戦の勝利は、まさに宮台を中心にして力勝負というか、チーム力として上まわって勝ったんだなということを感じました」

山本は、しかし、「一勝」と「勝ち点」との差がいかに大きいものかを感じていた。

「僕たちは三勝しましたが、勝ち点を目標にしていたので悔しさがあります。一勝することと勝ち点を取ることの難易度は、ケタ違いに大きいからです。一勝一敗で三戦目になると、選手自体の〝タフさ〟に差が出てくる。本人の自覚はないと思うんですが、高校のときから高いレベルでやってきている他大学の人たちとわれわれとの間には、体力的、精神的なタフさの差が大きいことを痛感させられました」

その〝タフさ〟というのは、どんなものなのだろうか。

「スコアを見るとわかると思いますが、三戦目の成績が非常に良くないというか、東大は大差で負けているんです。三戦目は当然、疲れとかプレッシャーとか、そういうものが大きくなります。勝利への執念はわれわれも負けてはいませんが、経験であったり、単純に身体的、精神的な能力であったり、パフォーマンスの部分で三戦目はどうしてもわれわれは落ちてしまっていることを感じました」

勝ち点を取ることの困難さを山本たちは認めざるを得なかったのである。

勝負の世界の「明と暗」

野球界を仰天させた宮台の快投は、日米大学野球の全日本チームへの選抜につながる。

東大野球部としては、昭和五十八年の大越健介以来、三十三年ぶりの快挙だ。

宮台はここで同世代の野球界トップレベルの選手たちと合宿をともにするのである。

この合宿のオープン戦で自己最速の百四十八キロを計測し、日米大学野球第三戦に先発した宮台は、さらに百五十キロを記録する。二回三分の二を投げた宮台は、立ち上がりの一球目に自己最速タイの百四十八キロのストレートを投げ込んだ。そのあと、五番ハリソンに投じた初球が百五十キロをマークしたのだ。

宮台は、「一失点」でこの試合の負け投手とはなったものの、5奪三振。快速球投手の面目を施したのである。

東大侍・宮台

最速150キロで5K1失点デビュー

マスコミは、東大が生んだ「ドラフト一位候補」にさらに沸き立った。

産経新聞は、〈東大の宮台が日米野球でつかんだ手応えと突きつけられた課題とは〉と題して、こう論評した。

〈宮台の〉成長には目を見張るものがある。直球の自己最速は6月の代表選考合宿で

１４８キロに上げ、日米野球では１５０キロに達した。大学球界を代表する選手たちと時間をともにしたことで、「野球人生で1番貴重な経験だった。野球と真剣に向き合う姿勢にまずは追いつかないといけない」と向上心も刺激された。

　投球にすごみが増してくれば、機動力で乱そうと考えるチームも増えてくる。挑戦が決して夢物語ではないプロの世界ではなおさらだろう。大学トップレベルの東京六大学でもまれて力を伸ばし、大学日本代表でも飛躍のきっかけをつかんだ。

　周囲の環境が厳しくなるのに合わせてレベルアップしてきた宮台だからこそ、より一層マークが厳しくなる今後の成長が楽しみでもある。

　しかし、宮台は、このあと大きな試練と向き合わなければならなくなる。

春のリーグ戦での熱投と、日米大学野球、そこでの大学最高レベルの選手たちから受けた刺激と練習方法——宮台にとって、すべてが鮮烈だった。

だが、そのまま夏の合宿に突入した宮台は、肩に違和感を感じるようになる。

　異変に気づいたのは、キャプテンの山本克志である。

「宮台は日米大学野球から帰ってきたあとの練習で、少し無理をしてしまったと思います。

春のリーグ戦でも、一戦目は完投できたんですが、他大学のエースのように三戦目は投げられなかった。肩のスタミナがなかったということですが、宮台自身も秋に向けてなんとか連投できるように取り組んでいこうとしたんだと思うんです。

日米大学野球のときに、宮台も他大学のエース級のピッチャーと会話したりする機会もあったみたいで、その中で連投するための練習方法とかを聞いていたようです。それを頑張ってやっていく中で、なかなかうまくいかなくて、ケガに至ったのではないでしょうか。あれは八月に入るぐらいの合宿のあたりだったと思います。僕たちは、夏の合宿は北海道の室蘭シャークスのグラウンドを借りてやっていましたが、その頃のことです」

学生コーチの田宮克真によれば、宮台の故障は想像以上に深刻なものだった。

「春のシーズンから、第一戦の土曜日に投げた後、一週間経たないと肩に張りが残ると宮台は言っていました。シーズンが終わって疲れたと言っていたんですが、そこに日米野球があって、身体が休養を取れなかったんだと思います。それでもチームに帰ってきて、一週間くらいは普通に練習していました。しかし、ブルペンに入っても、左肩の調子があんまりよくないということを口にしていました。八月初めの一週間の室蘭合宿で投げて、帰ってきたときには、もう痛くて投げられない状態になっていたと思います。テイクバックすると、肩の骨が引っかかるような感じだったようです」

こうして東大は、「エース宮台」が戦線を離脱してしまうのである。

当然ながら、東大の秋季リーグ戦は苦戦の連続となった。第五週の立教戦まで東大は六戦全敗。健闘する試合もあったものの、大黒柱不在の影響は、はかり知れなかった。

しかし、十月八日の対立教一回戦で、東大はシーソーゲームを展開する。

二対二の同点で迎えた九回表、田口耕蔵、楠田創の主砲二人が連続安打して一点を勝ち越す。ここで、浜田監督は、九回裏のマウンドに今季初登板となる宮台を起用する。

だが、宮台は制球が定まらない。安打と2四球で満塁。そして、押し出しの四球を与えて同点となるのである。それでも東大の勝利への執念が立教を上まわった。

延長十回表、喜入がヒットで出塁。後続が倒れて二死二塁となるも下雅意拓哉のヒットで二死一、三塁のチャンス。ここで二番・桐生祥汰が鮮やかにセンター前に弾き返して決勝点を挙げた。

四対三。東大は秋季リーグ戦の初勝利をようやく得たのである。そして、東大の勝利は、この「一勝」だけにとどまった。

専門ドクターの登場

宮台の肩は、大丈夫か。宮台は復活できるのか。

最上級生となる平成二十九年のリーグ戦で宮台が本来の球を投げられるか否かは、東大野球部関係者ならずとも大きな関心事だった。

平成二十八年十一月四日金曜日夜、東大の本郷キャンパス内にある御殿下《ごてんした》グラウンドに数人の男が集まっていた。

東大野球部の浜田監督、宮台康平、学生コーチの田宮克真、マネージャーの黒田陸離たちである。御殿下グラウンドは、東大球場とは違って、夜間の照明がある。

そこに浜田監督の二年先輩にあたる朝木秀樹の紹介で、ひとりの医師がやってきた。

馬見塚《まみづか》尚孝、四十八歳。

高校、大学と自ら投手経験を持ち、筑波大学野球部長も務め、現在は、大分の独立行政法人西別府病院スポーツ医学センターで野球医学科のドクターとして勤務している。

馬見塚は、肩痛、ひじ痛、手痛、腰痛、しびれなど野球によって生じたすべての故障に診断と治療をおこなう専門家だ。日本体育協会の公認スポーツドクターでもある。

朝木は豊富な野球関係の人脈を持っており、現在は筑波大附属駒場高校の野球部監督を務めている。馬見塚も朝木が持つネットワークのひとりだった。

馬見塚は、『「野球医学」の教科書』『高校球児なら知っておきたい野球医学』などの野球選手の故障を扱った著作もあり、拠点こそ大分にあるが、毎月、東京でも診療をおこなっている。

朝木は宮台の故障を馬見塚に相談し、オフシーズンに入ると同時に東京での診療に合わせて、東大まで足を延ばしてもらったのである。

「僕が呼ばれて、初めて宮台君を見たのは、十一月四日の夜のことです。野球部のグラウンドにはナイター施設がないので、東大のアメフトのグラウンドで初めて、宮台君に対して〝パフォーマンスの診断と治療〟をさせてもらいました」

〝パフォーマンスの診断と治療〟には、少々の説明が必要だろう。馬見塚は、肩やひじなど医療的な診断を行うとともに、野球のパフォーマンスを構造別に診断し、医療の治療と並行して野球パフォーマンスにも介入して治療成績を向上させている。また、選手にその介入法を提案し、その提案を取り入れるかどうかを選手自身に自己決定してもらうことを診療の基本にしている。

それを馬見塚は、〝パフォーマンスの診断と治療〟と呼ぶ。この過程を踏むことで、病院からグラウンドへの復帰時間を短縮し、選手の「再生」をサポートできるのである。また、選手自身が治療法を選ぶことで、〝内発的動機づけ〟、すなわち「やる気」が高まる、と馬見塚は語る。

馬見塚は前述のように投手経験があるドクターだ。それだけに故障を抱えた診療対象との信頼関係を大切にし、理論的にも理解してもらったうえで、治療を施すのである。

「肩を壊すのも、ひじを壊すのも、これは過労性障害なんです。工学部の先生に言わせると金属疲労と同じようなものということになります。世の中では、この原因が〝回数（筆者注＝ここでは「投球数」）にある〟と言われているんですよ。

だから、投球数を制限したりする。この考え方は、一部は正しいのですが、投球数だけが肩障害の理由ではありません。工学的な疲労現象というのは、数に加えて力の大きさが影響します。たとえば、コップを強い力で叩くと少ない回数で壊れて、かかる力を弱くしていくと、何回叩いても壊れなくなるという〝ＳＮ曲線〟というグラフがあるんです。ですから、宮台君には、〝原因は数だけじゃないよ〟ということを話しました」

馬見塚は、理論と実践、双方を宮台に理解してもらおうとしたのである。

「実は、投球数を減らすことが、肩やひじをこわす原因のひとつとなることもあるのです。というのは、試合で百球投げるためには、疲労やからだの慣れを考えると、百五十球くらいは投げる能力が必要です。ところが最近は、練習で六十から八十球とあまり投げてない選手がいて、試合でも六十球くらいになるとへばってくるわけです。

試合では、へばってくると、より投球強度を上げて対応しようとしますから、無理な投球となって肩やひじを傷めるのです。私は、これを〝投げなさすぎ症候群〟と呼んでいます。宮台君も、肩やひじを壊さないようにと、〝あまり投げないようにしていた〟と聞いていましたので、これが肩を故障した原因かもしれません。だから、投球数だけ抑えても意味がないんです」

故障しにくいフォームに修正し、そのフォームが定着するまで多めに投げる。そして、故障が起きない、よい動作で投げられるように投球強度は落とす――馬見塚は、そのことを説いたのである。

「宮台君には、投球数は増やして、そのぶん強度を落としてフォームを良くすれば壊れない、ということを何度も言いました。本人は、たくさん投げたら壊れるというのを信じ切っていましたから、〝たくさん投げていいんですか？〟と最初は半信半疑でしたね。僕は、投球数、投球強度、投球フォーム、コンディショニング、個体差の五つを考えて、それらのバランスをどうとるかで、リスクが変わってくることを説明しました。

宮台君は一度肩を壊しちゃったので、より安全性の高いフォームを習得してもらわないと、プロで十年活躍するのは難しいでしょう。春と秋のリーグ戦がメインで試合数の少ない六大学では戦うことができても、シーズン期間の長いプロでやるのは難しいと考えていました。だから、プロで十年は戦えるように、投球フォームの改善に取り組んでみないか、と言いました。パフォーマンスと肩の問題の両方を考えて復帰のプロセスを考えるから、僕のことを信じてやってください、と伝えたんです」

馬見塚は、難解な理論をそう説明する。いずれにしても、宮台にとっては、それまで聞いたこともなかった話だった。

果たして宮台は、「受け入れること」ができたのだろうか。

「抵抗なく受け入れることができました。理論的にも納得しました。馬見塚先生に診てもらって、最初に習った投げ方でやってみると、身体的にも痛くなかったですから」

宮台の答えは明快だった。具体的には、どう投げ方を変えたのだろうか。

「肩のコックアップ、つまり投げるほうの左腕をトップに持ってくる上げ方を変えました。言葉で言うと、〝内旋《ないせん》〟から〝外旋《がいせん》〟に変えました。急にはできないので、ある課題ができるようになったら、新たな課題を加えていくという方法で、よいと考えられる投球動作を少しずつ身体に染み込ませました。（学生コーチの）田宮を相手にだんだんキャッチボールの距離を延ばして、自分でやれるようにしていきました」

それは、すぐにできるようになったのだろうか。

「もちろん、すぐにはできなかったです。今までやっていたのとは違うので、戸惑う部分もありましたし、考えながらやっていたので、自然とパッとできるわけではないんですよ。なかなか自分のフォームになりませんでした。それを何回も何回もやって、身体に染み込ませる作業をやりました。目安は一日二百球です。強度を落として軽く投げるんです。馬見塚先生は大分ですから、いつもついて見てもらっていたわけではありません。送ってもらった動作のお手本の動画をみたりしながら、これをつづけました」

投球制限から多投へ——正しいフォームで強度を落として軽く投げていく。馬見塚の診療で、宮台はこれまで信じてきたものとはまったく違う方法での「復活」を目指すことになる。

「宮台復活プロジェクト」

馬見塚は、自分の本拠である大分に来るように宮台に勧めた。二月のキャンプの時期に、最初はチームに帯同せず、「大分に一週間くらい来て、投球動作を見直そう」というのである。

宮台は自身の再起をかけた大分でのリハビリを受け入れた。

「一週間あるのでチェックしてもらおうと思いました。一回、見直そうということで、二月に田宮（学生コーチ）と二人で大分の馬見塚先生のお宅に泊まり込み、見てもらうことになったんです」

馬見塚夫人の手料理をご馳走になりながら、「宮台復活プロジェクト」がおこなわれたのである。一年のときから宮台の球を受けている学生コーチの田宮克真は、浜田監督に宮台復活の手助けをするように指示されていた。

「浜田監督から、宮台がケガで投げられないから専属コーチとしてリハビリにつき合え、と言われました。注意されたのは三点です。アップの一球目から球数を全部数えて記録しろ。馬見塚先生に投げ方を教えてもらって、いいフォームかどうかをチェックして実践しろ。そして、もし、ボールの出どころが見えたら、それは何が何でも直せ、ということでした」

田宮は、浜田監督の指示に従って、徹底的に宮台の専属コーチとしての役割を果たした。

「馬見塚先生は最初にお会いしたときから、持論というか、理論を持っておられて、押しつけるんじゃなくて、宮台と話し合いながら、理論的にはこういう投げ方がいいんだけど、それが身体に馴染むかどうかわからないから、馴染むようなかたちを見つけていこう、と仰いました。一方的にああしろ、こうしろと言うんじゃなくて、こっちの考えを尊重してくれました。宮台とは、いい先生だね、という話をした記憶があります」

痛くない投げ方を教えてもらった宮台は、とにかくその痛くない投げ方を身体に染みこませる、という方針を徹底したのである。

大分に行ってからも、それは変わらなかった。

朝七時に起床し、朝食後、馬見塚の車に乗って西別府病院スポーツ医学センターの温泉へ。ここで体温を上げて、朝九時ぐらいから別府市民球場か大分明豊高校のグラウンドに向かう。

馬見塚は、寒い時期のウォーミングアップに対する有効な方法として「温泉に入ること」を提案している。身体が温まるのが早くなり、また、身体を動かし始める際の関節の痛みなどがほとんどなくなる効果があるという。

宮台と田宮は、球場でランニング、ストレッチ、キャッチボールを二人でおこなった。遠投とピッチングにも取り組んだ。投げるボールの数は、二百五十球から三百球。調子がよければ四百球になったこともある。田宮は、その球数を頭の中で数えつづけた。このうち五十球は全力投球をした。痛くない投げ方なので、いつの間にか恐怖感なく投げられるようになっていた。

午後は球場にやってきた他大学の合宿に混じったり、大分舞鶴高校の練習に入ってフィールディング練習をやった。四時に終わる日もあれば、五時までつづけた日もある。

「練習場所からすぐのところに温泉があったので、そこに入りにいきました。別府は温泉を使ってスポーツ選手を治療しているんです。温泉で疲れた身体を癒したり、身体をあたためてウォーミングアップに利用できないかなど、いろいろ模索していました。まあ、僕たちも、その実験対象というか……」

しかし、八日間の大分合宿で「痛くない投げ方」をある程度、身体が覚えたことはたしかだった。重要なのは、そのフォームで本格的な投げ込みに入ることである。

田宮は宮台の変化をこう捉えていた。

「フォームが変わったので、戻ってきたというのではないんですけど、以前と同じレベルのものは出せるかな、と思いました。前は本当に全力で、自分の身体全部の力をボールにぶつけて投げていた感じでした。それが、流れるような、リズムのいい、力があるボールが来る、という感じになりました。プロ野球のどのピッチャーに似ているかというと難しいですけど、力を抜いて投げているようなピッチングになりました」

馬見塚自身は、この大分合宿をどう見たのか。

「二月に大分にやってくるまでに、フォームをある程度、身体に覚えさせてから来いよ、と言っていたんですが、試験期間だったこともあってその時点では三十点ぐらいでした。意識しなくても、理想とするフォームで投げられないとダメだから、数を投げなきゃだめだよ、そのために、フォームを固めるのと、強度を落とすのをやってくれ、と言ったんです。

大分での八日間で田宮君に座ってもらって、千四百球投げてもらいました。一日平均二百球ほどです。僕は東京で宮台君を見ることはできないので、その間に、なんとか〝自動化〟まで持っていきたかったんです。彼はすごく喜んでいましたよ。球が行く、と言っていました」

秋のリーグ戦で、ほとんどボールを投げられなかった宮台は、「痛くない投法」をこうして修得した。

しかし、問題は、それが生きたバッターに通用するかどうか、である。他大学を恐れさせたあのピッチングは果たして戻ってくるのか。それは、実戦で試すしかなかった。

三月に入り、暖かさが増してくるにつれ、宮台の調子は上がっていった。

三月二十五日、東京六大学の平成二十九年度社会人対抗戦が神宮球場でおこなわれた。社会人の強豪・明治安田生命と東大の試合である。

宮台はこの試合に先発。新しいフォームでのピッチングが通用するか否かを実戦で試した。

立ち上がりを三者凡退で切ってとった宮台は、二回表に初安打を許すものの、その後、三者連続三振を奪い、ペースに乗った。三回表の一死一、二塁、七回の二死三塁のピンチも宮台は危なげなく乗り切っていく。

前年の春のリーグ戦の迫力にこそ及ばないが、宮台は明治安田生命打線を手玉にとった。八、九回もランナーは背負ったが危なげなく完封するのである。

二対〇。新しいフォームで宮台は百四十球を投げ、社会人の強豪につけ入るスキを与えなかった。宮台復活――神宮球場での試合だっただけに、他大学もこの試合を注視していた。その中で、宮台は堂々、復活の狼煙《のろし》を上げたのである。

「(大分のあと)ピッチングをつづけるうちに、だんだんとしっくりくるようになりました。全力投球ができるようになって、いいボールも増えてきました。あの明治安田生命戦は、ひとつの完成形だったと思います。結果が出たし、しかも、次の日も痛みはありませんでした。投げ方を変えたメリットだったと思います」

宮台がそう言えば、田宮も手応えを感じていた。

「あの勝利は、嬉しかったですね。その頃、ちょっとずつボールをひっかけたり、たたきつけたり、というのはあったんですけど、投げ方、フォーム自体はまったく問題ありませんでした。いい球が来ていました。バッターに対して投げるというのが少なかったので、実戦でピッチングができたのがよかったです。試合後、ミーティングが終わった後、宮台と〝やったね〟とグータッチしました。右バッターのインコースにしっかり投げられたし、リーグ戦もこれでいこう、そうだね、この調子でいければ、といった会話をしたことを覚えています」

肩の故障を抱えて、オフシーズンに「フォーム矯正」という賭けに出た宮台たちの挑戦は、見事に成功したかに見えたのである。

第八章　苦闘の末に

必勝を祈る
東大側応援スタンド

痛恨の明治戦

宮台が復活――。

そんな評判が駆けめぐる中、平成二十九年の東京六大学春季リーグ戦が始まった。

開幕戦は前季優勝の明治と最下位東大とのゲームだ。明治は齊藤大将《ひろまさ》（現・西武）、東大は宮台の両エースの先発となった。

スリークォーターの左腕からくり出す齊藤の最速百四十六キロのストレート、キレのあるスライダー、スクリューボールは、東大打線につけ入るチャンスを与えない。一方の宮台も微妙な制球こそまだまだだったが、百四十キロ台のストレートと得意のシンカーで明治打線に立ち向かっていった。

開幕戦独特の緊張感が神宮球場を包み込んでいた。

四回を終わって〇対〇。記者席でも、

「宮台、なかなかいいじゃない」

「宮台の完全復活か。こりゃ、リーグ戦がおもしろくなるな」

そんな声が出始めていた。

〝異変〟が生じたのは、五回裏の明治の攻撃だった。

宮台は簡単に二死をとったものの、ピッチャー齊藤を打席に迎えて、なにか投げにくそうな雰囲気を出していた。最初の打席で宮台は齊藤に二塁打を打たれている。そのせいなのか、コーナーを厳しく突いているように見えた。

しかし、警戒のあまり齊藤に四球を与えてしまう。

（ピッチャーに四球か。まずいな……）

馬見塚のもとにともに行き、宮台の復活に力を貸した田宮は嫌な予感がした。予感は的中する。次打者も四球、その次も四球。打線が上位にまわっている中、宮台が急に制球を乱したのだ。

たちまち二死満塁。ここで次打者の渋谷大輔にも宮台は四球を与えてしまう。押し出しの一点。明治にとっては、相手投手の〝ひとり相撲〟での思いがけない先制点だった。

明治打線の特徴は、敵が見せたスキにつけ込むしたたかさにある。

宮台が開き直ってストライクゾーンに投げ込んできた球を逢澤峻介《あいざわりょうすけ》、越智《おち》達矢という明治の主軸は見逃さなかった。

二人の連続タイムリーヒットで、あっという間に追加の四点が入った。あわせて五対〇。

それまでの宮台の好投が嘘のような明治のビッグイニングだった。

　宮台は無念の降板となる。田宮はこう分析した。

「齊藤の第三打席を必要以上に警戒してフォアボールを出してしまったところから始まってしまいました。自分がやってきたものを信じて投げてくれればよかったんですけど、やはり、（開幕戦で）不安がたぶんあったと思う。リズムに乗れなかったのが痛かったですね」

　五回で降板した宮台は、明治安田生命戦での好投を〝勢い〟につなげることができなかったのである。

　結局、明治に二対六、〇対十三と連敗してリーグ戦をスタートさせた東大は、次の慶應戦でも、なす術なく連敗する。

　フォアボールでランナーを出して打たれるという同じパターンで宮台は崩れていった。開幕ダッシュに失敗した宮台は、一気に萎《しぼ》んでしまったのである。

「ボールはよかったんですが、あとはそれを信じて投げられるかどうかだと思いました。明治戦も慶應戦もフォームが崩れたとか、ボールが悪かったとかではなくて、宮台は自信をもって投げられなかったんです」

　試行錯誤を重ねながら新しいフォームに挑戦した宮台を間近で見てきただけに、田宮には苦しみが手に取るようにわかった。

「やっぱり、調子を崩して、本人が自分のフォームに納得できなくなったように思うんです。ストライクゾーンに思いっきり投げようとすると、コントロールが安定しなくなっていきました。それで、僕にもどうしようということを言っていました。本人の中で納得できないものが出て来ていたんだと思います」

負の連鎖は、培ってきた自信をも揺るがすものとなった。ましてや故障を克服し、新しいフォームにチャレンジしていた最中だっただけに、事態は深刻だった。

「僕は、フォームはこうなっていて、いいと思うよ、と具体的に伝えました。ブルペンでも、いい球が来たときにはこのボールなら抑えられるよ、と声をかけるように心がけていました。これなら空振りだよ、これなら大丈夫だよ、と。

目に見えて調子が悪いという印象は外から見ていて思わなかったんですが……。でも、本人の感覚の中で納得いかないものがあったんでしょうね。それで、自信を持って投げられなくなっていたんだと思います」

宮台自身は、冷静にこう反省点を挙げる。

「ランナーが出てもアウトカウントを増やせばいいんです。自分で切り替えて、ひとつのフォアボールを引きずらないようにやればいい。しかし、走られちゃいけない、（バントで）送られちゃいけない、という中で、いろいろ考えたら、ボールが増えてしまいました。割りきってバッターに集中して、バーンといいボールを投げればいいのですが、それができなかったですね」

フォームを改造したことも、やはり影響していたのだろうか。

「フォームを変えてから日が浅かったのは確かですね。だから、安定していなかったんだと思います。（外の人は）精神論とか結果論とか、いくらでも言えますが、自分はプレーヤーなんで、しっかりフォームを立て直そうと考えていました。ただ、その後もなかなか結果が出なくて、もどかしい時期が長かったです」

宮台復活と思われた春季リーグ戦は、一転、東大にとって試練の場となっていくのである。

悪夢の連敗と不協和音

なぜ勝てないんだ。なぜなんだ。

キャプテンのショート山田大成は、自問自答をくり返していた。自分を含め、下級生からレギュラーとして活躍していたメンバーが主軸に名前を連ねている。宮台も故障から復帰し、体調がもとに戻ってきている。

しかし、それでも勝利は遠い。

開幕前には、社会人の強豪・明治安田生命にも二対〇で勝ち、完封した宮台も自信を深めていたではないか。

それなのになぜなのか。山田には、その「なぜ」がわからなかった。

開幕試合の明治戦を落とした東大は、そのままずるずると十連敗を喫した。それは、前年春のシーズンでは、宮台の快速球を武器に「三勝」を記録し、悲願の勝ち点奪取まで、「あと一歩」まで漕ぎつけている。

「まさか」というほかなかった。

それが、あれよあれよという間の「十連敗」だった。

「新チームが始まった段階では、勝ち点を取れるチームをつくっていこうと思っていました。もともと力のある選手が多くて、そこに甘えていた部分もあったと思います。いや、甘えというか自信過剰だったかもしれません。自信と甘えは紙一重だと思うのですが、いま振り返れば、そういうところがあったと思っています」

山田はそう自己分析した。

山田を筆頭に宮台、楠田創、田口耕蔵ら下級生のときからチームを支えてきた選手が最上級生となっていた。

言葉には出さないものの、チームに「あわよくば……」という思いがあったのも事実である。しかし、強豪ひしめく東京六大学は甘くはなかった。

「実際は、もともと勝てる実力のあるチームの〝歯車が狂った〟というよりは、やっぱり、ただ実力がなかっただけだと思うんです。制球力のいいピッチャーがフォアボールを出して、打てる打線が打てなかったから負けたのではなくて、そもそもコントロールの悪いピッチャーがフォアボールを出して、打てない打線が打てなかっただけではないか、と。勝てなくて、もがいていましたね。宮台の不調がチーム全体にのしかかっていました。そうなると、もう悪循環でした」

山田は、自分たちが「勘違いしていたこと」を、そう表現した。

当の宮台は、当時の自分自身をこう戒める。

「引っ張らなくちゃいけないのに、ふがいないと思いました。四年生同士でもいろいろ話しあいました。ピッチングはしっくりいっている。思いどおりのところにもある程度は行きました。球速そのものはあまり変わっていないと思うんですよ。でも、三振、空振りの率は明らかに減っていました。つまり、バットに当たる率が上がっていたと思います。やはり、以前はクセのあるフォームから、腕をたたんで投げていたので、打者から球の出どころが見えにくかったと思うんです」

思いどおりにいかないエースのピッチングは、チーム全体の状態や雰囲気を徐々に悪化させていった。いつの間にか、ピッチャーと野手陣、それぞれがお互いの責任を意識するようになっていた。

宮台がつづける。

「結局、守備力が低いから、打たれたらヒットになってしまうんですよ。それを僕が今まで三振をとってカバーしてきた。それができなくなったのが僕だけのせいかというと、違うと思うんですよ。しかし、おまえらがんばれ、とは、面と向かって言えないじゃないですか。

（負けているのは）チーム全体の責任ですよね、僕、楠田、山田、田口は下級生のときから試合に出ているので、まずこのメンバーが結果を出すしかない。調子が悪くても試合に出られるというのでは、下級生からも不満が出ます。責任をもって結果を出して、チームがひとつになるようにしよう、と話をしたこともあります」

最上級の四年生にとっては、「こんなはずではない」という思いは強かっただろう。そこから脱したい、なんとしても勝ちたい、という強い気持ちが空回りしてしまい、逆にチームの〝負のスパイラル〟を加速させていくことになる。

春のシーズンの途中でこんなこともあった。

一誠寮にある監督の部屋で、浜田、宮台、山田の三人だけで話し合いが持たれたことがあったという。山田によれば、

「宮台が投げているときに点を取られまくって、試合の途中で宮台が勝負を捨てたような態度をとったことがあったんです。スリーランを打たれた早稲田戦だったと思います。あいつは普段、気持ちを込めて投げるやつなんですが、ゲームを捨てたような、ただただ投げるような感じになったんです。その日、監督の部屋に呼ばれて、僕と監督と宮台が三人で話しあったんです」

おまえの調子が悪くても、俺たちはとことんつき合うから、勝負に対する姿勢だけは見せてくれと、山田は宮台を諭した。しかし、

「宮台は、自分は勝敗に対して責任を負いたいから、勝敗に対して責任を負えない状態では投げたくない、なんで下げてくれないんだ、と監督に言いました。宮台が言っていることは正しくて、自分がマウンドに立つ以上、あいつはチームに対する責任を背負える状態で立ちたい、と言ったんです。監督は勝敗が決まっている試合で、これをおまえが調子を取り戻すきっかけにしたかった、と言いました。

僕も同じ考えです。勝ち点を取るには、チームとして宮台の力が必要であることは間違

いない。そのためには、この試合を宮台のために使ってもいいと思っているし、野手のみんなもたぶんそう思っている、という話になりました。宮台としては、自分をそういう思いで使ってくれているということがわかれば、納得するわけです。そんな話し合いをしました」

　勝てないときには、いろいろなことが起こるものである。

　チームの雰囲気が悪くなっていたことを楠田創は、こう表現した。

「やっぱり、人のせいにしがちだったというのが多くて……。ちょっと宮台の調子が悪いからって、負けの理由をそっちのせいにしたりとか、逆に、ピッチャーも野手のせいにしているところもあったかもしれないですね。本当は、そういうことをしている場合じゃなかったんです。自分をしっかり見つめなおして、人のせいにしてる場合じゃない、というのが、このシーズンの一番の反省点でしたね」

　この年の四年生には、腕に覚えのある選手が揃っていただけに、余計、チーム内はぎくしゃくしていたのである。

　楠田とともに主砲として打線の中心にいた田口耕蔵には、こう見えていた。

「宮台がめちゃくちゃ調子がいいとき、たとえば三年の春なんかは、野手が少々ミスしても〝いいよいいよ、俺がカバーするよ〟と、宮台はそんな感じでした。でも、調子が悪くなってからは、すごいピリピリするようになりましたね。なんでかわかんないですが、宮台は急にストライクが入らなくなりましたからね」

宮台の調子は上がってこなかった。宮台の焦りは、チーム全体をピリピリさせていた。試合で誰かがミスをしたら、ますます雰囲気が悪くなった。完全にチームは悪循環の迷路に入り込んでいたのである。

キャプテン「離脱」の衝撃

悪いときには、悪いことが重なるものである。

ずっとチームを牽引してきたキャプテンの山田が、夏のオープン戦で死球を受け、右腕の尺骨《しゃっこつ》を骨折してしまったのだ。

キャプテンが戦線を離脱――。ショートで三番を打つチームの要《かなめ》がいなくなることは、さすがにとてつもない衝撃をチームにもたらした。八月半ばのことである。

（だめだ……こんなことで俺の野球人生は終わるのか）

ショックで、山田は何も考えられなくなった。

「左ピッチャーのまっすぐが抜けてきて、出ようとした瞬間、ボールだと思ってバットを止めたんです。それが右腕の尺骨に当たりました。当初は、それほど痛くはなかったです。しかし、痛みが引かないので、病院であらためて診《み》てもらったら、ひびが入っていることがわかりました。それで、秋のリーグ戦が始まる直前に〝全治二ヵ月〟の診断を受けたんです。もう、目の前が〝終わった〟と、真っ暗になりました」

　痛恨というほかなかった。いきなり、最後のシーズンを前にして、選手として「終わってしまった」のである。

「正直、三日間くらいは何もやる気が出なかったです。やっと気持ちに整理をつけて、選手としては終わったから、キャプテンとしてチームを引っ張ろうと思いました」

　春全敗のチームから、今度はキャプテンでチームの攻守の軸が消えるのである。まさに大ピンチだった。

　しかし、山田は希望を捨てたわけではなかった。

「でも、逆に言えば、僕がいなくなることでチームに責任感が生まれるのではないか、という思いもありました」

　もはや、そこに賭けるしかなかったのである。

「なんだって……」

　副将の楠田創は、頭を抱えた。すべてを引っ張って来たキャプテンがベンチから外れる意味が楠田にはわかっていた。

楠田の経歴はユニークだ。現役合格した慶應大学で、準硬式野球部に入った楠田は、ここで一年過ごし、東大へは再受験で入学してきた。

いわば一風変わった〝仮面浪人〟である。年齢的には一浪の楠田は、高校時代、同じ桐朋学園の野球部で山田の一年先輩だった。ただし、山田は現役で東大に入ったため、楠田と山田は同学年になった。

楠田にとっては高校時代の後輩ながら、野球への取り組みや気迫、攻守の技術に至るまで、山田には一目を置かざるを得なかった。

山田がキャプテンになったとき、楠田は「これで安心だ」と思った。副将として、チームを支えるポジションに自分もついたものの、「山田がいれば大丈夫」という安心感があり、すべてを山田に任せっぱなしにしていた。

下級生を叱咤《しった》し、チームの隅々に細かな配慮をしながら注意していく山田。その存在は、楠田にとって絶対的なものであり、安心の根源だったと言っても過言ではない。

しかし、いきなり、その山田が「戦列を離れる」のだ。しかも、最上級生の最後のシーズン開幕を前にして、である。

チームを牽引する人間がベンチから外れる。すると、残るのは誰だ。

自分しかいなかった。

おっとりした性格の楠田は、最上級生の、しかも、最後の秋のリーグ戦を迎えて、思いもよらない事態に襲われたのである。

もう、やるしかなかった。楠田は「逃げる」わけにはいかなくなったのである。

「正直、副キャプテンでしたが、上に山田という男がいたので、それまでは〝ついて行けばいいや〟ぐらいの気持ちだったように思います。しかし、山田がケガで戦列を離れることになって、いきなり、自分が山田の代役をしなければならなくなりました。もう、夏のオープン戦の終盤から、実際に自分が引っ張っていかなきゃいけなくなったわけです」

楠田は覚悟を決めた。

「いつも以上に負けるのが悔しくなったし、極端に言うなら、自分が打っても打たなくても、そんなことさえどうでもよくて、チームがいい方向に向かうことをすごく願うようになりました。とにかく、勝つぞ、と」

そして、最大の危機は、チームに大きな変化をもたらした。部員それぞれに「自分がやらねば」という気迫が生まれたのである。

山田は、チームの変化に手応えを感じていた。

「僕がいなくなることで、ひょっとしたらチームに責任感が生まれるのではという期待が少しはありましたが、まさにそういう感じになっていったと思います。みんなが思っていることを言えるようになったというか……。楠田が宮台に反論するのは今まで絶対になかったのですが、そういう場面も出てきたし、チームに対する意見も下級生からどんどん出てくるようになりました。たとえばレギュラーではない選手から、〝試合に出ている人は責任をもってやってください〟というような意見も出るようになりました」

練習中にも意見がぶつかるようになってきた。

「今までは四年生の僕、宮台、楠田、田口たちが圧倒的に実力があったうえ、上級生ということもあって、下級生はただついてくるだけだったんですが、いろんな意見が出てくるようになってきた。チームがすごく変わってきたな、と思いました」

招集された「緊急ミーティング」

こうして迎えた平成二十九年の秋季リーグ戦は九月九日土曜日、立教―東大のカードから始まった。

立教は春のリーグ戦で優勝を飾り、勢いを駆《か》って全日本大学選手権も制し、実に五十九年ぶりの「大学日本一」に輝いていた。

東大は一回戦が一対四、二回戦は一対八で敗れた。主将不在の東大は、秋季リーグ戦初戦の立教戦で勝つことはできなかった。

しかし、これまでにないことがこの敗戦にはあった。宮台が「連投」したのである。初戦は二イニング二十七球を投げ、翌日の九月十日には八イニング百四十八球を投げ抜いたのだ。明らかに馬見塚による「宮台復活プロジェクト」が成果を生んでいた。あと必要なのは「勝利」だけである。だが、宮台が完投したこの立教二回戦で、東大内野陣にはエラーが続出していた。公式記録のエラーこそ三つだったが、記録に表われない失策がいくつもあった。

どうしても勝てない宮台の焦りは募っていた。春のリーグ戦から合わせると、東大は「十二連敗」を喫していた。

（このまま二十連敗して終わるのではないか）

誰も口には出さないものの、そのことが現実となって迫っていた。

一誠寮の日誌に、宮台が「もう内野ゴロは絶対に打たせない。全部三振をとる」という趣旨の日記を書いたのは、この日のことだった。

宮台は、誰よりも勝つために努力してきた男だ。高校二年夏の対藤沢総合戦のあの〝痛恨の一球〟を忘れず、精進を重ねてきたアスリートである。

それだけに、勝負の土俵にさえ上がれないレベルの守備陣の目を醒《さ》まさせたかった。その思いが寮の日誌に書き込まれたのだった。

これに反応したのは、副将の楠田だ。

楠田は、逆にピッチャーと守備陣がお互いを信頼し合えていない「現状」こそが連敗の原因だと考えていた。

「お互いを信頼しよう」

楠田は日誌にそう書いた。

「宮台は野手のせいにしていたし、野手も、おまえもストライクを入れろよ、と思っていたんです。どちらにも悪いところがあるんですよ。みんな人のせいにして、それがチームをバラバラにしていました」

楠田は、自分たちよりも何段階も格上の相手に勝とうとしているのに、チーム内でバラバラになっていて勝てるはずはない、と思っていた。

「お互い思うところはあるだろうけど、しっかり信頼し合わないといけなかったんです。エラーするかもしれないけど、ピッチャーはしっかりゴロを打たせてくれ、それに、いまは点が取れてないかもしれないけど、がんばって点を取るから信頼して投げて欲しい、と日誌には書きました」

楠田は守備が苦手だ。レフトの守備で何度も失敗を犯し、守備に対する姿勢について、これまで宮台の厳しい指摘を何度も受けたことがある。

守備への意識の低さ、練習の取り組み方において、楠田は批判の対象になっていた選手だった。その楠田が、自らの姿勢を反省したうえで、チームの結束を訴えていた。

学生コーチの加藤竜央《たつお》が四年生を緊急招集したのは、そんなときだった。

「春からそうだったんですが、立教戦で二連敗したときに、みんなが他の人のせいにしているような感じになっていました。宮台は内野手に不満を持っていて、エラーになっていないミスも多かった。一方の守備陣の方からみたら、リズムに乗れないピッチングだったということもあると思います。それで僕が、宮台と一緒に立教戦の動画を観て、いろいろ話を聞いたんです」

これが、加藤が緊急ミーティングを開いた理由だ。

「動画を観ながら宮台は、〝この守備範囲は捕って欲しい〟というのもあれば、状況的に〝こういう場面はリスクをとった守備をするのか、安全に止めに行くのか、もうちょっと判断をして欲しい〟ということを言っていました。内野手に不満を持ってプレーをすると、三振を狙ってフォアボールも増えるし、ワイルドピッチになったりします。

僕は、宮台に内野手への不満を持たせないためにはどうしたらいいか、逆に内野手にも、いったいどんなことを思っているのか言ってもらいたい、と考えていました。それで、水曜日の朝でしたが、学年の一斉LINEで、〝チーム状況が悪いから、一回集まろう〟という連絡を四年生全員に送ったんです」

四年生は全員で十六人。東大構内にある東大球場のスタンド下の部屋に、午前中に全員が集結したのである。

東大球場には、バックネット裏に観戦用のスタンドがある。その下には、ウエート・トレーニングをしたり、野球用具や身体を鍛える器材を置くための部屋がある。そのほかにもロッカーや、学年それぞれがミーティングをする学年ごとの部屋もある。

そのうちのひとつ、〝四年生部屋〟と呼ばれる広さ七、八畳ほどの小さな部屋に四年生が集まったのだ。

チームが一丸にならなければ勝てない。それは、心の中で誰もが思っていたことだろう。

「連敗中の今、みんなが思っていることを、率直に聞かせて欲しい」

加藤は、全員が揃ったことを確認すると、そう言った。まず宮台に加藤は発言を促した。

「それぞれが自覚を持って、一つひとつのプレーに臨んで欲しい」

宮台は、守備陣にそう注文をつけた。

副将の楠田も口を開いた。

「いま、バラバラになっている場合ではない。いろいろ文句はあるだろうけど、根底でみんなが思っていることは一緒だから、とにかく勝とう。まず、四年生がひとつにまとまろう。お互い信頼しあって頑張ろう」

このままでは、チームは勝てないかもしれない。危機感は確実に全員が持っている。楠田はともかく士気を高めたかった。

「（次の）慶應戦はチャンスだ。慶應にとっては俺たちとの試合が開幕戦だ。向こうは緊張している。絶対に勝とう」

楠田は〝前〟を向いていた。キャプテンの山田が戦線離脱するまで、楠田がチームをリードするような発言をしたことはなかった。

だが、それが許されるような事態ではなかった。

立教戦を終え、自分たちの大学生活に残されているのは、対慶應、早稲田、法政、明治の「四カード」のみである。

このまま最後の一年を「二十戦全敗」してもいいのか。それは、四年生にとって「あってはならない」ことだった。

しかし、内野陣からピッチャーへの要求は特に出なかった。加藤は、まだ四年生が一丸となるところまでは至っていないことを感じていた。

ここで加藤はある練習を提案した。「二十七連続アウト」である。

守備練習で一試合すべてのアウト、つまり、二十七のアウトを連続して成立させるという全体練習をやろう、と提案したのである。

それは、加藤が筑波大附属駒場高校時代に経験した練習だった。

「ミーティングでお互いに話しても、あまり納得していない感じが残っていました。それで、一緒の練習をする中でひとつの方向に向かっていくということができたらいいな、と考えて提案しました。これは、二十七連続のアウトが誰かのミスで途切れたら、そこで全員でグラウンドを一周し、最初からまた始めるんです。

自分がミスをすると迷惑がかかるというのは、練習だったら走ればいいだけですが、リーグ戦だったら負けにつながります。チーム全体に迷惑がかかるということを疑似体験できるわけです。一つひとつのプレーをプレッシャーの中でやることが内野にとってすごく重要だと思っていたので、高校時代に経験したこの練習を提案しました」

誰かが「ミス」をしたら、自分も「走る」のである。高校時代、ほかの人間のミスが他人事ではない意識がこの練習で芽生《めば》えたことを加藤は思い出したのだ。

「守備というのは、全員でやるものだということです。そして、ひとつのボールを全員が〝見る〟ということは、チーム全体でひとつのことをやるということなので、一体感につながると思いました。ほかの人がやっていることに興味を持つというか、実際に試合に出る人のプレーに興味を持つということにもつながります。

普段の練習だと自分のプレーに集中してしまって、チームで何かをやるということが意外と難しかったりするんです。チームで一定の時間、一緒のことをやるというのは、集中力も高まって必要な時間だったと思います」

楠田もその効果を認める。

「二十七連続アウトは、何時間もかかりました。二十四ぐらいまでいくと、どうしてもミスをする。そうすると最初からやり直しです。連続ですから、お互いがミスのないように集中してやらなければいけません。この練習はそれなりの効果はあったと思います。

それまでは、ピッチャーも野手も、お互い言いたいことが言えなかったんですよ。ピッチャーは（守備陣に）ちゃんと守ってくれよ、打ってくれよ、と言いたい。一方、野手のほうは（ピッチャーに）もっとストライク入れてくれよ、と言いたいわけです。しかし、お互い心の中で思っていただけで、それまでコミュニケーションがなかったんですよ。

つまり、お互いに文句があるんだろうな、という雰囲気をもっていて、なんとなくぎくしゃくしていたのが、とりあえず、ひとつにまとまらなきゃ、という共通意識を持つようになりました。宮台も練習のときから、野手に対して〝今のは捕ってくれよ〟と、積極的に話すようになりましたね。今まではそういうこともなかったので、宮台も理解してくれたかな、と思いました」

キャプテンの山田大成も、この練習が転機になったと考えている。

「二十七連続アウトの練習は、結局〝終了〟しなかったんですよ。やっぱり〝連続〟ですから、どこかで失敗が出てきますからね。これは、自分たちの状況に対して特効薬的にやったことです。でも、結果的にチームが変わるきっかけになったのは間違いないですね。チームに一体感が出てきたように思います。自分の中では、これですごくいい方向に進めたかなと思っています。

今まで試合に出ていなかった下級生からも、〝やりますよ、先輩〟という声が出てくるようになりました。慶應戦を前に、ああいう練習をしてチームが変わったことはよかったと思います。ここからが勝負だと感じました。僕もチームにそういう話をさせてもらいました」

翌日の練習では、二十七連続アウトは「スリー・アウト」、つまり「一イニング」ごとに「連続」が短縮された。つまり、三連続アウトを九回やるのである。これなら、なんとか最後まで到達できた。

ひとつのボールを全員で見る意識を植えつける練習は、こうして実践されたのである。

激戦となった慶應戦

ひとつの練習が、急に効果を挙げるはずはない。しかし、なにかをやらねばという気持ちが、四年生から全員に拡《ひろ》がっていくきっかけになったのは間違いないだろう。

九月十六日の対慶應二回戦は、東大の勝利への闘志が剝《む》き出しになる試合となった。この日の試合が、慶應にとっては秋の開幕戦である。一方、東大は前週に立教とのゲームを経験しているだけに、硬さはなかった。

果たして、東大は初めてトップバッターに起用された一年生の岡俊希が慶應のエラーで出塁し、先発の高橋佑樹を揺さぶった。東大は、これを足がかりに一死一、三塁の絶好のチャンスを摑む。

ここでバッターは四番主砲の田口耕蔵。ライトに貫禄の犠牲フライを打ち上げ、東大は一点を先制した。

二回にも、東大は制球の定まらない高橋投手から先頭バッターが四球を選んで出塁。送りバントの失敗もあったが、九番宮台、二番辻居新平の鮮やかなタイムリーヒットで二点を追加する。まだ硬さが抜けていない慶應の〝序盤〟を見事に叩いたのである。

一方、宮台は三回裏、四死球でピンチを招くと、トップバッターの中村健人にタイムリーツーベースを浴びた。さらに三番の柳町《やなぎまち》達《たつる》にもレフトへのタイムリーヒットを打たれ、二点を献上する。

しかし、東大は五回表、四番田口のタイムリーヒット、六回表には、途中出場のショート新堀《にいぼり》千《ち》隼《はや》が慶應二番手の関根智輝投手からソロホームランを放ち、それぞれ一点ずつ追加する。

宮台は、四回以降も毎回ランナーを出したが、要所を締め、慶應打線に八本のヒットを許すものの、三回の二点だけに抑えて五対二と勝利するのである。

「勝った！」

宮台の熱投百五十八球、東大の執念の勝利だった。

この東大の勝利は、あの「二十七連続アウト」の練習をスタートさせて、わずか「三日後」のことだった。

平成二十九年の東大の戦績は、これで「十二連敗」でストップした。それは、野球がチームプレーであり、気迫と闘志でひとつになって挑まなければ「結果」はついてこないということを証明するものでもあっただろう。

「初回に一点、二回に二点が取れて、考えていたことがしっかりできて、いいスタートが切れたと思います」

副将の楠田は相手チームの心理状況を分析しながら、試合を解説した。

「この試合は勝たなきゃいけないと思っていました。というのも、こちらは初戦を終えていましたけど、向こうにとっては、この試合が〝開幕戦〟なわけです。やっぱりどんなに実力があっても、向こうは硬かったですよ。

とりあえず初回から強気で攻めていこうと思っていたので、うまくいきました。最後まで、点を取られて取り返してというのが続きますが、一イニング一イニング、集中していこう、点を取られても取り返すよう粘り強くやっていこう、と声をかけていました」

宮台のピッチングも安心して見ていられたと、楠田は言う。

「しっかり宮台が投げてくれました。今までと違ってひとりで抑えようとしないで、打たせて、バックに任せようとしているのが守っていてわかりました。これは大丈夫だ、信頼してくれているな、と思いました。しっかり打たせて、内野に声かけしたりとか、内野がエラーしても大丈夫、大丈夫、と。いい試合だったと思います」

こうして対慶應の初戦に勝利した東大は、悲願の「勝ち点」にあと一歩と迫ったのである。

スタンドからしか見えない「風景」

雨で一日順延となった慶應－東大の二回戦は、これまた激戦となった。

慶應はリーグ戦初先発の高橋亮吾、東大は濵﨑《はまさき》貴介が先発し、宮本直輝、小林大雅、柴田叡宙の四投手をくり出す総力戦となる。

慶應の高橋は、内外角に威力あるストレートや得意のスライダー、フォークを散らして東大打線にマトを絞らせず、五安打一失点に抑えた。そして、慶應打線は東大の四投手から四点をもぎとった。

慶應が四対一で東大に雪辱し、いよいよ「一勝一敗」で決戦を迎えるのである。

九月十九日火曜日、秋晴れのこの日、なんとしても「勝ち点」を取ろうとする両校の執念がぶつかり合うことになる。

この試合は、両チーム併せて二十三安打が乱れ飛ぶ打撃戦となった。

飛び出したホームランは三本、三塁打が一本、二塁打は七本。秋晴れの神宮球場の観客は、快音とともに外野を抜けていく豪快な打撃戦を堪能《たんのう》することとなった。

東大の先発・宮台は、一対〇で迎えた三回裏、慶應の主砲・岩見雅紀に逆転のスリーランを浴びた。四回裏にも集中打を浴び、三回三分の二を投げて被安打七、与四球二、自責点七で降板した。

一方の慶應は、先発・津留崎《つるさき》大成が五回まで好投するものの、後続の投手陣が東大打線の猛攻を受けた。東大は七回に楠田のスリーランなど五点、九回にも辻居のツーランなどで四点を挙げるなど、打線の底力を見せつけた。

結果は、慶應が十三対十で逃げ切った。

敗れはしたものの、慶應投手陣から十点をたたき出した東大打線の威力は、記者席に陣取る記者たちを唸らせた。

「おい、東大が十点とって負けた試合って記憶ある？」

「あるわけないだろ」

ベテランの記者連中からは驚きの声が上がった。

たしかに東大が二ケタ得点するなんてほとんど記憶にないし、まして、そこまで点を取って敗北するというのも、あり得ない話だった。

クリーンアップを打っていたキャプテンの山田大成を欠きながら、辻居、新堀、楠田、田口といった東大の上位打線は、他大学に遜色がないことを、記者たちはあらためて知ったのである。

しかし、同時にそれは「勝ち点」を取ることがいかに困難かを東大ナインに知らしめるものでもあった。勝ち点を取るために、目の色を変えて勝ちに来る強豪私学の迫力と執念を東大は再認識するのである。

慶應との激闘を、腕にギプスをつけたキャプテンの山田は、スタンドで声をからして応援していた。

それは、山田にとって実に大きな経験となった。そこには、応援スタンドからしか見えない「風景」があったからだ。

「自分は一年生で入部して、その次の週からすぐベンチに入って試合に出たんですよね。裏方の経験もなくて、スタンドから見るというのも、初めての経験だったんです」

キャプテンの山田は、しみじみそう語る。

「試合に出ている人がどれだけの人の思いを背負っているのか、僕はわかっているつもりでした。でも、いざ自分がベンチから外れてスタンドから見ていたら、そういう人の気持ちだったり、思いを、自分がずっと試合に出ていた中ではわかっていなかったんだ、と知りました。

もう〝託す〟しかなくて、〝祈る〟ことしかできなくて……。僕が外から見てて一番思ったのは、そのことでした。本当にがんばっているみんなに、〝託す〟ことしかできなかったんです」

一年生のときからレギュラーを張り、不動の遊撃手としてチームを支えてきたキャプテン山田。ケガで初めてスタンドから応援したとき、それまでとまったく違う「風景」を見ることができたのである。

そのとき山田は、きっと野球の奥深さを感じたに違いない。

第九章　悲願の勝ち点

東大球場
（東京大学本郷キャンパス内）

戻ってきたキャプテン

「えっ、本当か？」

平成二十九年九月三十日、神宮球場に入ってスターティングラインナップを見た関係者たちは驚いた。

早稲田との初戦に、なんとキャプテン山田大成が東大の五番ショートとして名を連ねていたからだ。スタンドで必死に応援している白いギプス姿の山田をつい二週間前の慶應戦で見たばかりである。

いったいどうなったんだ。全治二ヵ月の骨折はどうなったのか。

あの姿は、とてもこのシーズンに復帰できるようなものではなかった。事情を知る六大学の関係者たちは、スコアボードの「五番ショート山田」の掲示が信じられなかったのである。

「フルスイングはできないし、投げる方も痛かったです。かなり無理をして、試合に出させてもらいました」

山田は、やはり万全ではなかったのだ。

「病院では二日に一回、レントゲンを撮ってもらっていました。少しでも早くギプスを取らないと筋力は戻ってきません。先生には、野球をやるのは無理だよと言われましたが、ギプスを外してもらったんです。レントゲンで見ても、骨折の線が残っていました。正直、思いっきり振るのが怖かったですね。浜田監督には、先生に相談したらやめとけと言われたことを伝えました。でも、一緒に戦いたかったから入れてもらったんです。

試合中はアドレナリンが出ているからそれほどでもないんですが、試合が終わった後、目茶苦茶痛くなりますね。痛かったので、ボールは軽く投げていましたよ。送球も、バッティングも、いつもの状態からいえば、三〇パーセントぐらいでしょうか。それでも監督が使ってくれたので、期待に応えたいと思いました」

それが〝志願〟の出場だったことを、山田は明かした。

このまま終わってたまるか——。山田は、腰痛をはじめほかにも故障があった。長い間、無理をして野球をつづけてきた山田の身体は悲鳴を上げていた。

腰痛を抱えて病院やジムに通う山田の姿をチームメイトは知っている。野球は大学で終わりにすることを山田は心に決めていた。

それだけにこのまま終わるわけにはいかなかった。そして、試合に出ている人間がどれだけ多くの人の思いを背負っているのか、部員に伝えたかった。

〝託す〟しかない、〝祈る〟ことしかできない人たちのために、どうしても俺たちが勝ち点を取ろうよ。そして、その恩に報いようよ。山田はそのことをナインにわかってもらうために戻ってきたのである。

だが、バットを強く握ることもできない山田の姿は痛々しかった。

東大は、チームの支柱・山田の復帰にもかかわらず、二対九、一対十と、早稲田に連敗した。山田も二試合で都合六打席ノーヒットに終わった。

浜田監督は、完全状態ではない山田を試合に送り出した心境をこう語った。

「あのときは、山田が、行きたいです、と言ってきました。痛みはあったと思います。でも彼は言わないです。ただ、行きたいです、とだけ言いました。早稲田戦は、久しぶりだったので、さすがにダメでしたね。ストレートに全部詰まってしまいました。正直言うと、早稲田戦は山田大成の試合勘を戻せれば、という感覚でいました。やっぱり、田口のあとに打てそうなやつが欲しかったんです。相手には、ピンチになったら、田口を歩かせておこう、という雰囲気があったので、五番に山田が入る意味が大きいんですよ」

〝なにか〟が起こる条件は、整ってきていた。それは、ひょっとしたら神さまが準備してくれた〝なにか〟だったのかもしれない。

勝てないことでチームが崩壊寸前までいったこと。気持ちがバラバラになり、目標を見失いかけていたこと。エースも、キャプテンも、ケガで戦力が低下し、「これでもか」というほどの試練をチーム全体が受けたこと——ひょっとしたら、そのすべてが〝あること〟を達成するためには必要なことだったのかもしれない。

運命の法政戦が始まったのは、平成二十九年十月七日のことだった。

力と力の勝負

試合の二日前、十月五日に宮台は「プロ志望届」を提出していた。一般企業に対する一切の就職活動をおこなっていない宮台にとっては、〝背水の陣〟のプロ志望届である。三年生の春、衝撃のデビューを飾った宮台は、その後、紆余曲折を経てここまで来た。最大の試練は、言うまでもなく故障で投げられなかったことだ。

しかし、浜田監督の指示の下、馬見塚ドクターを信じて、懸命のリハビリと投げ込みをおこなった。そのすべての努力と行動が、残る法政戦と明治戦で問われるのである。

勝たなければならなかった。

東大自身も、宮台自身も、どうしても勝たなければならなかった。

対法政戦には、ネット裏に実にプロ九球団のスカウトが陣取っていた。試合は、球速百五十キロの法政の本格派・菅野秀哉、東大が宮台の先発で始まった。

東大打線は制球に苦しむ菅野を攻め、二回にはスクイズで先制点、三回にはキャプテン山田のタイムリーで追加点を挙げ、菅野を降板させた。五回には、宮台のタイムリーヒットを含む四安打を集中して打者一巡の猛攻を見せ、一挙五点をたたき出した。

一方、宮台はストレート、スライダー、シンカーをテンポよく決め、五回と六回に一点ずつ失うものの、法政の連打を許さなかった。

しかし、法政は七回裏、二死から相馬優人、森龍馬の連続ヒットで一、二塁。宮台は、ここで四番・中山翔太を迎えた。履正社が平成二十六年の選抜で準優勝したときの四番打者である。

八対二と東大が大量六点のリードだ。法政としては、主砲の長打で劣勢を少しでも挽回したい場面である。記者席からも宮台の気迫が見てとれた。力と力の勝負だった。

ツーナッシングから宮台が投げたストレートは、この日最速の百四十五キロを記録する。

中山のフルスイングはチップとなり、ボールがネット下にガチャンとぶつかった。

（やっぱり……）

宮台が中山を三振に切ってとろうとしていることを記者たちだけでなく、観客の多くが感じただろう。

五球目。宮台渾身のスライダーが外角に投じられた。

三振！

豪快なスイングだった。中山のバットは、見事な空振りとなった。その瞬間、マウンドの宮台は雄叫《おたけ》びを上げた。珍しいシーンだった。

試合は、九対二で東大が圧勝した。

試合後、ベンチ裏で記者たちに囲まれ、宮台はこう答えている。

「（中山との対決の場面は）力のある球で勝負しようと、キャッチャーと話していました。パワー系のバッターには、逃げるとピッチングに影響が出るんです。だから最初から逃げるつもりはなかったです。警戒しているから、しっかり投げることができました」

マウンド上でのぎらぎらした目とは、打って変わった表情だった。宮台は汗を拭きながら、仲間への感謝の言葉を忘れなかった。

「先に点を取ってもらったので、余裕がある中で投げることができました。終盤は、疲労はありましたが、気持ちでいきました」

キャプテンの山田は、痛みはとれていないが、三回表にタイムリーヒットを放ち、貴重な二点目を挙げている。

「三回表に二点目のタイムリーを打ちました。初回チャンスで凡退していたので、極限まで集中していました。気持ちでスライダーを拾いました。一点先制してチームとしても大きい追加になりました。試合中は（骨折部分は）痛くなかったです」

宮台も山田も〝気持ちで〟ということを強調した。ここまで来たら、どちらの気持ちがより強く、深いのか。そこで勝負が決まることを二人はわかっていた。

試合後の球場でのミーティングは、山田にとって印象深いものだった。

「ロッカールームで、誰も笑っていなかったんです。個人としては、（復帰後）ショートを守って、クリーンナップを打ち、やっとチームに貢献できたので嬉しかったのですが、キャプテンとしては、ここで締めなくてはいけません。それで報道陣のインタビューを終えて、ロッカールームに戻ってきたら、誰も笑っていなかったんです。今日投げたピッチャーが明日投げるだろう、法政のピッチャーの球筋はどうだった、とかそういう話をしている。めちゃくちゃ締まっていました。すげえいいな、チームとして成長したな、と感じました。これは、明日いけるな、と」

東大エース　通算6勝　宮台プロへ　決意の完投
法大圧倒9得点！　きょう15年ぶり勝ち点狙う

この勝利をサンケイスポーツは、こう報じた。

　これぞ、エースだ。

　宮台が８安打２失点（自責点０）、６奪三振で今季２度目の完投勝利。九回二死、相馬を１２５キロのスライダーで空振り三振に斬ると、マウンド上で仁王立ちした。「試合前から、その（完投する）つもりだった。疲れはあったけれど粘って投げられた。気持ちの面では、まだいけると思っていました」

　５日にプロ志望届を提出してから初めての登板。この日はプロ９球団が視察に訪れた。宮台は「（気持ちは）逆に変えないように」と平常心を強調したが、浜田監督は「気持ちを入れ替えて、この試合に懸けていた」と明かした。

　７回二死一、二塁のピンチでは四番・中山との対戦で最速１４５キロをマークした。９回で１２１球を投げ抜き、四球は３つ。課題の制球面での向上も見せた。

（十月八日付）

いよいよ東大は、悲願の「勝ち点」にあとひとつと迫ったのである。

思いは実ったのか

勝つのか、それとも負けるのか。

東京六大学には、それぞれの年次に、それぞれの思いが詰まっている。大正十四年以来の九十年あまりという長い歳月に変わらなかったものとは、その野球人たちの思いにほかならない。

翌十月八日、東大―法政の二回戦は、東京六大学が大正十四年から始まって、現在までつづいている理由を観客、いや野球ファン全体に見てもらう試合だったかもしれない。

この試合の意味は何だったのか。なぜ、あんな奇跡的な試合が生まれたのか。

大学という枠も超えて、登場したそれぞれの選手や応援団、ファンたちが共有したものは何だったのか。そのことを考えさせてくれた試合だったことは間違いない。

日曜日のこの日、JR信濃町駅から、そして東京メトロ銀座線の外苑前駅から、その試合を〝目撃〟するために、多くのファンが詰めかけていた。

法政大学対東京大学。

朝方まで降りつづいた雨は上がり、秋晴れの青空の下、両校選手の迸《ほとばし》る気迫がグラウンドに充満していた。午前十一時、試合は始まった。

東大の先発は二年生の濵﨑貴介。百三十キロ前後のボールを中心に制球力で勝負するタイプだ。

初回、早くも山田が好プレーで濵﨑を助けた。法政の二番・川口凌のセンターに抜けるかと思われる痛烈なゴロに山田が追いつき、身体を一回転させながら矢のような送球をファーストに送ってアウトにしたのである。

直後に法政のキャプテン三番の森龍馬がレフトフェンスを直撃する二塁打を放っただけに、山田のプレーがなければ、先制点は法政に転がり込んでいただろう。

一回裏、東大打線は早くも、法政先発のアンダースロー長谷川裕也に襲いかかった。トップバッターの辻居がレフト前ヒット。二番山下の送りバントを長谷川がフィルダースチョイスで無死一、二塁となった。

ここでバッターは三番楠田。東大が誇るチャンスに強い長距離ヒッターである。楠田は、長谷川の百二十キロ台前半の下手からのストレートとシンカー、スライダーを試合開始直後から食い入るように見つめていた。

いきなり絶好のチャンスである。甘い球は絶対に見逃さない——楠田は心に決めていた。

フルカウントからの六球目、楠田はやや内角高めのストレートを、腕をたたんでコンパクトに振り抜いた。長距離ヒッターの楠田には珍しい、ふらふらと上がったフライがセカンドとセンターとライトの間に飛ぶ。

一塁側の東大応援席から見れば、自分たちの「目の前に」飛んできた当たりである。

「やったぁ！」

応援席の願いが通じたのか、楠田の当たりは、法政守備陣の真ん中にぽとりと落ちた。セカンドとサードのハーフウェーでボールの行方を見極めていた辻居が一気に三塁をまわってホームへ。

一点先制！　幸先の良い先制点が東大に入ったのである。

なおも無死一、二塁。応援席からは東大の応援歌「闘魂は」が鳴り響く。

「楠田のあのヒットには、〝野球の神さま、ありがとう〟と思いました。〝楠田の努力を見てくれていたんですね〟という感じですよ。あれは大きかったです」

浜田監督はそう振り返った。

次打者は、これまた長距離ヒッターの田口だ。しかし、長谷川はどっしり構えた田口にストライクを入れられない。四球で歩く田口。無死満塁である。

打席には、キャプテンの山田が入った。浜田監督が「田口のあとに打てるバッターが欲しい」と言っていた、まさにその打順である。

もちろん山田の骨折は治ってはいない。痛みはある。しかし、ここで打たなければ復帰した意味がなかった。

山田のバッティングは独特だ。左バッターボックスで、相手ピッチャーとのタイミングを、右足を上下に動かしてとるのである。

集中していた。

一球目、長谷川は外角にストレートを投げた。山田のバットは反応しない。

満塁では、ボールの先行は許されない。押し出しの可能性が高まるからだ。必ずストライクを入れてくる。山田は、カウントを取りにくる球を待っていた。

二球目の真ん中やや高めのストレートに山田の身体が反応した。

狙いすまされたバットが一閃《いっせん》した。痛烈なライナーが、あっという間にライト前に飛んでいく。

三塁ランナーの山下が手をたたいてホームへ。見事な一打だった。

その後、サインミスがあって三塁ランナーが三本間で挟殺されるなどのミスがあったものの、代わった法政の左腕・鈴木昭汰からも、東大は七番三鍋秀悟、八番杉本幹太の連続ヒットで追加点を挙げ、打者一巡の猛攻で「四点」をもぎとるのである。

だが、法政も負けてはいない。三番森龍馬を中心に、中山翔太、向山基生、小林満平らスラッガーが東大投手陣を打ち込んだ。

二回表に二点、三回表には一点を挙げて、東大に追いすがるのである。

四対三。ひたひたと迫る法政打線が一点差に迫り、試合の流れが移りつつあった四回裏、ヤマ場はやって来た。

この回、東大の先頭、九番ピッチャー宮本直輝がバットを短く持って、右バッターボックスに入ったところからドラマは始まった。

ワンボールからの二球目、宮本は鈴木の百三十五キロの内角ストレートをレフトスタンドに叩き込んだのである。

球場は、味方の東大応援席も「ほうー」という溜息にも似た歓声に包まれた。短く持ったバットから生まれたホームランは、鋭く、コンパクトに振ることがバッティングの基本であることを教えてくれるものだった。

貴重な追加点に東大打線は勢いづく。

一死後、二番山下、三番楠田にいずれもフルカウントから連続四球を出した段階で鈴木が降板、ピッチャーが熊谷《くまがい》拓也に代わるのである。

熊谷は、球速百五十キロを出したこともある本格派投手である。バッターボックスに入ったのは、四番の田口耕蔵だ。

ひと振りで仕留める男

田口は熊谷と何度か対戦経験があった。百五十キロ近い球に詰まらされ、それまで苦手意識を持っていたピッチャーである。

しかし、前日、田口は八回表のチャンスに熊谷からストレートを左中間に弾き返している。貴重な追加点となるタイムリーツーベースだった。それまでの苦手意識を払拭《ふっしょく》した見事な当たりだった。

前夜、田口はこの試合のビデオを学生コーチの加藤竜央と一緒にくり返し観ている。加藤は、相手チームの投手陣、打撃陣、走力を徹底して分析するチームの中心だ。

東大野球部では、学生コーチを中心に、控え組がすべての映像をくり返し観て、相手チームを丸裸にする。

加藤は、投手陣の分析を担当している。

「もし熊谷が登板したら、田口への初球にストレートは来ない」

「なにが来る？」

「変化球。おそらくカットボールじゃないか」

加藤は、田口に告げた。

背番号「50」をつけて、加藤は常にベンチで浜田監督の隣にいる。東大野球部が誇る「分析チーム」による分析結果を生かすために、加藤はベンチ入りしているのだ。

だが、春のシーズンでは数字にこだわりすぎたのか、試合で結果が伴わなかった。

数字だけではなく、心理状態まで加味しなければだめだ――。加藤は、春季リーグ戦をこう総括した。その結果、

（今日はストレートを打った。次は変化球から入ってくる）

その解答が弾き出されたのだ。

田口は熊谷の投球練習の間にベンチの加藤と目が合った。

（初球は必ず変化球から入ってくる）

二人は、そのことを確認しあった。

田口の打法は、変化球待ちの場合、テイクバックをストレート待ちのときとは微妙に変えるものだ。ストレート待ちでは、テイクバックはそのまましろに引いてタイミングを合わせるが、変化球を待つ場合は、そこに、ひじをちょっと下げるという動作を「加える」のだ。変化球でボールが到達する時間が遅くなることへの対応である。

初球を変化球と信じた田口は、その球を待った。

代わりばなの初球、熊谷は、果たして変化球を選んだ。やはり前日、田口に打たれたタイムリーツーベースを考えてのことだっただろう。

「球は、キュッと曲がってきました」

田口は、熊谷の初球をそう表現した。

「真ん中やや低めのカットボールだったと思います。ちょっと外側に落ちる感じでしょうか。待っていた、その球でした」

田口は、ジャストミートした。球は左中間にライナーで飛んでいった。

一塁側の東大応援団から「やったあ！」という歓声が上がった。ボールは、なんと、そのまま左中間スタンドの最前列に飛び込んだ。

すさまじい歓声とどよめきが球場を支配した。

「待っていたボールが来ると、力んでゴロになってしまうことが多いので気をつけました。ジャストミートではあったんですが、フルスイングではなかったと思います。タイミングが微妙にずれていたのかもしれません。ジャストミートしたものの、フォロースルーが小さくなってしまったんです。だから、スタンドには入らないと思いました。入って欲しいな、とは思ったんですけど……。全力で走りましたよ」

左中間スタンドの最前列に打球が飛び込んだことに気づいたのは、一塁をまわったところだった。フルスイングでなくても、ホームランになったことに田口自身が驚いていた。

「やっぱり筋トレをやってきたおかげかなと思います。フルスイングでなくても、スタンドに入る筋肉がついていたんじゃないかなと思うんです。僕は、午前中はグラウンドに行って練習をするんですけど、午後はジムに通っていました。週に四回、東大構内にあるジムに行って、胸筋、足と腰、そして背中や腕を鍛えました。そういうプレスがあるんですよ。一回あたり一時間半です。そのトレーニングをずっとつづけたんです」

田口は奈良の西大和学園の野球部出身だ。しかし、練習は週に三日しかなく、サークルに近い部活動だった。

学校の方針で二年の秋には受験に備えて部活動を引退しなければならず、お世辞にも高校野球に没頭したとは言えなかった。そのうえ、東大に入学するまで田口は二浪している。

「高校野球をやっているときに、こんな中途半端でいいのかなって、ずっと思っていました。試合も負けてばっかりだったし、自分も一所懸命やっていないし、これでいいのか、と。人生で一回は、野球エリートたちと一緒に野球をやって、そいつらを倒したいと思っていました」

その望みを叶えるのは東大しかない。高校野球が不完全燃焼だっただけに、田口は逆に東大を目指したのである。二年の浪人生活を経て、念願の東大野球部への入部を果たしたのだ。

入学したとき身長百八十四センチの田口は、体重が百二十キロもあった。野球部では、まず体重を絞ることから始めた。

午前中の練習、午後の筋トレ、田口は二浪のハンディを次第に克服していった。時間の経過とともに技術、パワー、スタミナは確実に上がっていった。田口は、三年から楠田とのコンビで東大打線に欠くことのできない「主砲」へと成長していたのである。

（やった……）

歓喜のベンチのなかで、加藤は熊谷の初球を「ひと振りで仕留めた」田口の勝負強さに感動していた。

田口のスリーランで試合は八対三と東大の五点リードとなった。悲願の勝ち点奪取が「現実」のものとして近づいていた。

追いすがる法政

しかし、法政も黙ってはいなかった。

濱崎―宮本とつないできた投手リレーの中で、浜田監督は、早くも六回から宮台を投入する。六、七、八、九の四イニングを「エースに託した」のである。最後は、宮台に「託すこと」になんの迷いもなかった。

（勝つときは宮台しかいない）

浜田はそう決めていた。宮台でここまで来たチームである。

しかし、宮台は前日に百二十一球で完投勝利を果たしたばかりだ。

馬見塚による復活プロジェクトによって、連投ができる肩になったのは確かだが、疲労が残った状態でどのくらいのピッチングができるのかは未知数だった。それでも、宮台を投入してダメだったら仕方がない。

「疲れはありました。だから、身体は思うようには動きません。でも、その中でいかに粘れるかっていうことですよね。マウンドに立っている以上は、弱みは見せられません。いま自分にできることを全力でやらなきゃいけないと思っていました」

宮台は、あの日の決意を語る。

「気負いは、多少はあったと思います。とにかく勝ちたいと思って投げました。あの場面では、八対三だから、四点は取られていいわけです。六回から登板しましたから、一イニング一点まではいいという計算ですよね。一点取られたら、次は取られてはいけない。そういうことです。

僕の役目はリードを守って九回を終えること。だから、ビッグイニングをつくらせない、ということです。凌ぐしかないと思っていました」

しかし、法政打線は、宮台に容赦なく襲いかかった。

六回表、先頭打者が内野安打で出塁すると、二死までこぎつけるものの、一番の相馬優人にセンター前に運ばれ、一点を失う。

七回表は、二死一、三塁のピンチをなんとか凌ぐも、八回表には、一死から代打の毛利元哉が狙いすましたようにセンター前に鮮やかなヒット。つづく一番の相馬がまたも初球を痛烈なライト前ヒットを放ち、一死一、三塁と攻め立てた。ここで代打吉岡郁哉が初球をセンターに犠牲フライを放つのである。いずれも初球打ちという鮮やかなヒッティングだった。

八対五。三点差である。

法政は六回から前日に先発したエース菅野も投入していた。プロ注目の本格派だ。東大の追加点は許さないという背水の陣だった。東大は四回の田口のスリーラン以降、得点のチャンスはなかった。

こうして試合は最終回を迎える。

法政が意地を見せるのか。東大が三点差を守り切るのか。

東大応援団の拍手と歓声を受けて、宮台はマウンドに走った。にこやかに、それでいて覚悟を決めたような独特の表情だ。

先頭打者は四番の中山翔太である。

東大エースと法政の主砲との対決は、前日は四打数一安打、三振一。今日は六回から登板した宮台と七回表に相対し、痛烈なセンター前ヒットを中山が放っている。将来はメジャーリーガーを目指す中山は、すでに六大学で六本のホームランを放っているパワーヒッターだ。

前日から都合六打数二安打で迎えた七度目の対決だった。

この法政きってのスラッガーに宮台が初球を投げた一瞬である。

（まさか……）

中山が弾き返した打球は、あっという間にレフトスタンド上段に突き刺さっていた。百三十七キロの宮台の真ん中高めのストレートは、まるでピンポン球のようにスタンドを跳ねていた。

八対六、二点差。

主砲の一発は、「勝負はまだまだこれから」という現実を突きつけるものだった。法政ベンチは、これで一挙に「いける」という空気に包まれた。

浜田監督は、この一打を見逃している。

「中山君のホームランのとき、ベンチの裏で、万が一のために九回裏の準備をさせていたんです。三点リードで九回ですが、何が起こるかわからないからと代打陣に、準備を怠るな、素振りをちゃんとしろ、と言っていたんですよ。その瞬間にカーンとやられました。あとでビデオを見ましたが、あれ、すごい飛距離でしたね」

たたみかけるように法政は代打・大崎拓也を起用する。二球目、左対左を苦にもせず、大崎は宮台の百四十キロのストレートを思いっきり引っ張った。

一、二塁間の強烈なゴロだ。セカンドの新堀千隼がなんとか追いつくが、体勢を崩して身体を一回転しながらファーストベースカバーの宮台へ送球。大崎は一塁にヘッドスライディング！

セーフ。ノーアウト一塁！　二点差でノーアウト一塁となった。

法政の強力打線が唸りをあげていた。二点で逃げ切れるのか。大丈夫か。

アウトを一つひとつ取らなければならない。

東大応援席の中には、もう応援どころか、声を出すことすらできなくなった人間もいた。

だが、宮台は、それでも笑顔を忘れなかった。

（大丈夫、大丈夫……）

宮台は、自分自身にそう声をかけていた。

勝負の世界は、気迫が阻喪した方が負ける。あの高校二年夏の敗北以来、数々の修羅場を経験してきた宮台には、そのことがわかっている。勝負の厳しさを誰よりも知っているのが宮台だった。

宮台は、六番向山基生に向かっていった。二球目、渾身のストレートで向山をライトフライに打ち取った。

一死一塁。しかし、つづく七番小林満平が、宮台の百三十八キロのストレートをセンター前にきれいに弾き返した。

「宮台が連投でバテていました。あのゴロは、普段なら捕れる当たりだと思いますが、バテると宮台は投げたあとに三塁側にグラッと体が傾くんです。グラッといった分、ボールに届かなかったんですよ」

浜田監督には、宮台の疲労がピークに達していることがわかっている。他方、「宮台復活プロジェクト」によって肩のスタミナが飛躍的についたことも承知している。

しかし、昨年までは、一試合投げれば、中四日以上、空けなければピッチングができなかったのである。その宮台が気迫の投球をつづけていた。

すかさずキャッチャーの三鍋秀悟がマウンドに走った。一死一、二塁である。一塁ランナーがホームを踏めば、試合は振り出しに戻るのだ。

長打を許すわけにはいかなかった。そうかといって、四球も許されない。

バッテリーは、置かれている状況がお互いわかっている。こうなったら、腕を振り抜いて思いっきり投げるしかないのである。

絶体絶命のピンチ

法政は、ここで代打・清水雄二を告げた。中京大中京出身の右のスラッガーだ。法政の代打の切り札とも言える。

初球は百三十九キロのストレート、ボール。二球目は百四十一キロのストレートだ。ボール。この二球目が投じられる瞬間、法政はダブルスチールを敢行する。

セーフ！

完全にフォームを盗まれていた東大バッテリーは、ボールを投げることもできなかった。

たまらず浜田監督がベンチを飛び出した。流れは完全に法政側にあった。

「自分を信じて真っすぐを投げろ」

「わかりました」

そんな短い会話だった。ここに至って、細かな指示を出しても仕方がない。腕を振り抜いて投げるしかないのである。

大丈夫だ、落ち着いている。浜田はそう思った。宮台も、三年の三鍋捕手も、まったく動じていないことを浜田は感じたのである。

一死二、三塁。ヒット一本で同点だ。

宮台と代打の清水の戦いは、ここからさらに火花が散った。宮台は、この緊迫の場面でも、笑みを浮かべる。エースは、守備陣に不安を抱かせてはならないのである。

三球目ストライク！　ややシンカー気味の球だ。四球目は、清水の内角低めをズバッとストレートで押し込んだ。ツー・ツーである。

あまりに厳しいコースに清水は、バッターボックスを外してにやりと笑った。ここまで厳しいボールを投げて来るピッチャーへのリスペクトなのか。

ここから、二人の戦いはさらに激しさを増す。百四十キロ台のストレートで、宮台がグイグイ押していくのである。

ファウル、ボール、ファウル、ファウル、ファウル、ファウル……厳しい内角も、外角も、清水は宮台の球にファウルで食らいついてきた。

特に十球目のファウルは、ライナーでレフト線を襲う痛烈な当たりだった。

「清水君のレフト線のあのファウルは、一塁側のベンチで見ていましたから打った瞬間、切れるのがわかりました。こっちが、もし三塁側のベンチだったら、僕は、たぶんあのとき心筋梗塞になっていました」

浜田は、のちにその場面を冗談混じりに、そう振り返っている。

十一球目。渾身の力をふり絞った宮台の百四十一キロのストレートが内角低めにずばりと決まった。さすがに清水も手が出なかった。

ボール！

えっ？

（いまの球がボールか……）

どちらに判定されてもおかしくない厳しいボールだった。宮台にとって、全身全霊を込めたストレートだった。

一死満塁となった。

二塁に同点のランナー、一塁にはついに逆転のランナーが出たのである。清水の粘りのバッティングの勝利だった。

最終回八対六で、しかも、一死満塁。

絶体絶命のこのピンチ、宮台はどういう心境だったのか。

「あの場面は、自分で自分をコントロールしました。ボールの判定でしたが、僕もストライクと思いました。うわっ、マジか、と思ったですね。しかし、審判が言ったらボールはボール。しょうがない、しょうがない、と自分に言い聞かせました」

宮台の闘志と根気は、いささかも衰えていなかった。あの高校二年夏の経験が、宮台の強靭《きょうじん》な心身を支えていた。

「体力的にはきつかったです。ロージンを触って、少し気持ちが落ちつきました。監督にも、自分を信じて投げろと言われていました。僕も、三鍋も、真っすぐを信じて投げよう、と。ほとんど真っすぐを投げていました」

あの場面では、もう仲間を信頼することでしかピンチを「脱すること」はできなかっただろう。それこそが野球であることを宮台は知っている。その意味で、ショートストップとして、すぐ近くにいるキャプテン山田の存在も、大きかった。

「山田はやっぱり、四年生ですし、僕とかサードに声を出して雰囲気をつくってくれていました。信頼してもらっているので、一所懸命でした。僕は、バックも信頼しているし、自分のボールも信頼していました。もし、投球でショーバン（ショートバウンド）があったとしても、三鍋のストッピングを信じていました。三鍋との間で、ショーバンはインコースでもアウトコースでもどっちもいいよ、と。僕は、ただすべてを信じて投げるだけでした」

そんな宮台を山田は冷静に見ていた。

いける、宮台は大丈夫だ――。本来ならマウンドに行って声をかける場面だった。しかし、山田はこのとき宮台のもとに駆け寄らなかった。

「あの球はストライクだと思ったんですけど、もし、宮台がウワッとか、なにかリアクションをしたら声をかけようと思いました。ストライクだと思っただろう球をボールに判定されて、超厳しい場面でのフォアボールです。しかし、宮台はそんなリアクションもせず、まったく動じていなかったですね。それで、ああ、大丈夫だなと思いました」

山田は、声をかけるとしたら、どういうことを言うつもりだったのだろうか。

「もうあの場面では、〝真っすぐを信じて投げてくれ〟と、それだけしかないと思っていました。あそこは、ただただ気持ちを押してあげることしかないですよ。でも、宮台にその必要はなかったんです。僕たちは、こういう状況でプレーするために、ここまで頑張ってきた。あの場面の異様な雰囲気は、それまで経験した中でナンバーワンです。それは間違いないです」

それぞれがそれぞれの思いを胸に秘め、最後の場面に臨んでいた。

一死満塁で法政の青木久典監督は、代打・斎藤卓拓を告げた。左バッターである。百六十九センチと小柄だが、内外角どんな球にも食らいついてくる、しぶとい打者だ。

ここで浜田は、内野守備陣をうしろへ下げさせている。

「二点差でワンアウト、そして満塁ですよね。ここで内野をうしろに下げたんです。これは、ある意味、決断だったですね。ゲッツー体制にしておけば、ひょっとしたらダブルプレーで終わるかもしれません。宮台はストレートを投げ続けました。宮台のストレートだったら、八割の確率で相手は打ち損じるだろう、と信じていました」

宮台―三鍋のバッテリーも、もちろん、ストレートで押すことを決めていた。

初球は百四十一キロのストレート。外角、ボール！　二球目は内角へ百三十七キロのこれまたストレートだった。

斎藤のバットはこれに反応した。しかし、ボールはスイングの鋭さとは裏腹に、ファーストへのボテボテのゴロとなった。かなり差し込まれていた。

ファーストの田口が捕ろうとするとき、イレギュラーで跳ね上がった。だが、カバーに入った宮台を制しながら、田口は冷静にファーストベースを踏んだ。

アウト！　しかし、この間に三塁ランナーがホームイン。八対七。ついに法政は「一点差」まで詰めよったのである。

最終回二死二、三塁、八対七――。いよいよ土壇場だった。

一点差で勝っている東大にも、そして、追いすがる法政にも、「あとワンアウト」は同じようにのしかかっていた。

一打出れば逆転、抑えれば試合終了である。

八回からレフトの守備を山本修に譲ってベンチに下がっていた副将の楠田は、もう、居ても立ってもいられなかった。

悲願の勝ち点獲得まで、あとワンアウトに迫っている。

さすが法政の執念はすごかった。森主将以下、一丸となって東大の勝ち点を阻止しようと全力を尽くしていた。一時は田口のスリーランで「五点差」をつけられていたのに、ついに一打逆転の「一点差」まで詰め寄ってきたのである。

楠田は、喉がからからになっていた。

「もう、あの場面は怖くて見ることができなかったです。投げる宮台から、目をそらせていました。勝ち点は、大きい目標でした。僕たちにとって、めちゃくちゃ高い目標なんです。現実的な高い目標として、勝ち点は、僕たちがいちばん目指していたものでした。それが、もう目前でした」

宮台―三鍋のバッテリーは、それでも冷静さを失ってはいなかった。

とにかくアウトを取る。宮台にとっては、自分のストレートと仲間を「信じる」しかなかった。

打順は一番に戻っていた。

法政のショート、左バッターの相馬である。六回表の宮台の代わりっぱなにタイムリーヒット、そして八回にもヒットを打たれていた。この試合五打数二安打、健大高崎出身の法政で最もうるさいバッターを最後に迎えたのである。

しかし、もう考えることはない。ここまで来たら、相手が誰であるかも関係はなかった。

ただ、悔いのないように、思いっきりストレートを投げ込むだけである。宮台には、それしか取るべき道はなかった。

勝利の女神は微笑んだ

（あっ）

打球は、レフトとセンターの間に飛んでいく。相馬は初球のストレートにマトを絞っていた。イチ、ニ、サン！　のタイミングでバットを振り抜いたのだ。

しかし、勢いは宮台がまさった。ストレートを狙ったにもかかわらず、相馬の予想を超える威力が宮台のボールにはあった。

完全に差し込まれていた。レフトとセンターの間に飛んだ球に、勢いはなかった。

楠田に代わって八回から守備についていたレフト山本修がグラブを構える。

（大丈夫だ……）

捕った！　勝った！

平成二十九年十月八日午後一時三十分。

ついに東大は勝った。

八回の守りから退き、ベンチにいた副将、楠田が真っ先に飛び出した。控え組がそれにつづく。

宮台が、なにかマウンドで叫んでいる。集まる選手たちもなにかを叫んでいる。真っ先に飛び出した楠田は頭のなかが真っ白になっていた。

「爆発しました。人生の中で、あれだけドキドキしたことはなかったです。一生忘れられないです。普段はあんまり騒ぐタイプじゃないんですが、マウンドに走っていくときは、全部爆発した感じでした。勢いでバーッと行っちゃいました。それで宮台とハグしました。そしたら、大勢が走って来たので、〝よかった〟という感じで……。みんな泣いていたかもしれないですけど、自分が泣いていたのでよくわからなかったです。整列して相手を見たときに、〝勝ったんだ〟と思って、また涙が出ました。一番は、応援席に挨拶したときです。応援席が本当にみんな泣いて喜んでて、それを見て、〝ああ、よかった〟と……」

楠田は、その瞬間をそう深く心に刻んでいる。

宮台はどうだったのか。

「振り返ってうしろ見て、あっ、捕れるな、と。よし、勝ったとは思わなかったですね。シフトとしては野手の間だったので……。捕ったときは、ほっとしました。いろんなものを背負って、結果を出せて、嬉しかったですね。よっしゃ、終わったと。一番早くバーンとぶつかってきたのは、楠田ですね。振り返ったら楠田がいたのでハグをして、三鍋のほうに行ったんです。ありがとう、ありがとう、と」

キャプテンの山田は、その瞬間、叫んでいた。

「(フライを捕った山本選手とは)七メートルとか、十メートルぐらい距離があったと思います。レフトとセンター、どちらからもかなり近くて、どっちが捕るか微妙なところでした。僕はショートからフライを追ってかなり近くにいました。なんて叫んだのか、覚えていないんですが、なにかを叫んでいました。その瞬間は、今までの人生の中で、ダントツで嬉しかったです。

自分がケガして戻ってきて、プレーでも貢献できたと思うし、主将としてもチームを引っ張って、それでやっと取れた勝ち点だったので……。自分がケガをしたぶん、今シーズン苦しんだだけに、余計、嬉しかったと思います。この瞬間のためだったら、なんでもできるという感じです」

山田は整列したときに審判から促され、法政の森主将と握手を交わしている。

「楠田が泣いていたのを覚えています。法政の選手がいるんで、あまり喜ぶのも失礼なんで……。宮台には、よく投げてくれた、と背中を叩きました。こみ上げてきたのは、応援席に挨拶に行ったときです。泣いている人や応援部の同期の姿とかが見えたんです。やっぱり、こみ上げてきました。それから、試合に出ていない四年生がベンチの裏で待っていてくれたり、ロッカールームに帰ってみんなと喜びあったりして、だんだん実感が湧いてきました」

浜田監督もその瞬間、頭の中が真っ白になっていた。

選手たちが歓喜する光景を見ながら、熱いものがこみ上げてきた。助監督の中西が、万感の思いを込めて手を差し出して来た。

（……）

二人とも言葉が見つからなかった。

さまざまな思いがこみ上げた浜田は、中西と握手しながらなにも言葉が出なかった。喜びを爆発させる選手たち。浜田は、そのシーンをただ茫然と見ていた。

「選手たちが整列のときに、グッときて、もう、なんか涙がバーッと出てきちゃって……。普段、僕は怒ることしかしていないし、でもね、雨降って地固まるで、（チームが）一丸となったなあ、と思いました」

スタンドでも歓喜が広がっていた。

前年のキャプテン山本克志たちもスタンドに来ていた。勝ち点を取れるかもしれないこの試合に、山本たちの代は十人近くが駆けつけ、一塁側ベンチ上の特別内野席に陣取り、必死の応援をつづけていたのだ。

もちろん山本たちは、勝ち点が東大の悲願であることを知っている。いや、そのためにいまグラウンドにいる後輩たちと懸命に汗を流してきた。

しかし、十二年ぶりのシーズン三勝を挙げた山本の代も、勝ち点を挙げるという悲願を達成するまでには至らなかった。その悲願を目の前で、一緒にプレーしてきた後輩たちが成し遂げたのだ。

（よくやってくれた……よく成し遂げてくれた……）

山本は、もう涙が止まらなかった。感極まってこみあげるものを抑えることができなかったのである。一緒に苦労してきた同じ代の主務だった中川弘毅も隣で泣いている。

ここに来るまで、どれだけ頑張ったんだ。おまえら、えらいぞ。

ともに汗を流した後輩の偉業に山本たちは、言葉も発せられないほどの感動に包まれていた。

「本当に、最後の最後まで負けてしまうんじゃないかというぐらいの試合展開で……。自分は試合に出ていないのに、本当にドキドキハラハラしました。ずっと一緒にやってきた選手たちが中心となって、すごいいいチームを作ってくれていたので、ただ頑張ってくれ、と信じて観ていました。

勝った瞬間、仲間はみんな叫んでいたんですが、僕と中川は、涙が出てしまいました。後輩の苦労もわかりますし、主将と主務で、自分たちの代でできなかったことを達成してくれたというか……大好きな後輩たちが勝ってくれたという喜びでした」

山本は、歓喜の瞬間をそう振り返った。

「ヘボ監督で、すまん」

たかが「勝ち点ひとつ」でなにを言っているのか。そう笑う人もいるかもしれない。

しかし、ひとつの目標に向かって、もがきつづけてきた集団にとって、その価値はひょっとしたら「優勝」以上の意味を持つものかもしれない。

浜田監督は、しみじみとこう語る。

「ロッカールームに帰って、選手に声をかけた後で、走馬灯のようにいろいろなことがよみがえってきました。神宮で、試合が終わった後で一服しているときに、ああっと、有井主将の代のことを思い起こしていました」

浜田が監督になった時点で、チームはすでに四十六連敗を記録していた。自分たちが選手だった頃に比べて、立教や早稲田、慶應が明らかに力を伸ばしていた。有力選手を入れる推薦制度を拡充して、各校が戦力の充実を果たしていたのである。

それでも、浜田は当初、「勝てる」と思っていた。しかし、甘かった。突破口を見出せないまま連敗のトンネルがずるずるとつづいたのである。

浜田は、ついに悲願の勝ち点を挙げたとき、四年間「全敗」で去っていった有井主将の代のことを考えたのである。

浜田には、多くのＯＢや仲間たちから祝福が寄せられた。浜田の携帯には、メールも含めて次々、祝福の連絡が入ってきたのだ。

そんな中に、浜田の心を捉えるメールがあった。一度も勝つことなく「八十戦全敗」で大学四年間を終えたその有井キャプテン時代の副将、初馬眞人からのメールだった。

浜田監督　お久しぶりです。初馬です。

法政戦、ナイスゲームでした。本当におめでとうございます。

後輩の姿を見ているとどうしても自分たちの時を思い出してしまいます。私も四年で副将で、オープン戦も全く打てなくて、それなのに監督は最後まで信じて使ってくれました。感謝の気持ちは今も消えないです。同時に期待に応えられず申し訳ない気持ち、勝てなくて本当に悔しい気持ちが未だに胸にあります。

連敗を止めた後輩たちも、目標にしていた勝ち点に届かず、最下位脱出に届かず悔しい思いのまま引退したと思います。

今年の四年生は僕が直接関わった最後の学年です。彼らにはこの悔しい思いをせずに、笑って引退してほしい。そんな気持ちです。

応援しています！　初馬

メールには、そう書かれていた。メールが来たのは、法政戦の翌日のことだ。メールに見入った浜田の目に、みるみる涙があふれてきた。

「彼らは自責の念にかられているのと同時に、後輩たちが羨ましいな、という素直な気持ちだと思います。それを読みながら、なんで監督の一年目から、いまできていることができなかったのか、と思いました。なぜ有井の代に一勝もできなかったんだ、と。その頃のことを思い起こして、それぞれの代で勝てなかったことを考えました。本当に、ヘボ監督でごめんね、という思いがこみ上げてきました。初馬からのメールを見て、号泣しましたよ。おれがヘボ監督だったせいで、おまえたちの思いに応えられず、本当に申し訳なかった、と……」

野球というスポーツが持つ意味、なぜ無報酬の学生野球が衰えることなく、人々の関心と感動を今も生みつづけているのか。

浜田の言葉の中に、その理由が集約されているのかもしれない。

おわりに

平成三十年二月二十五日午前十時半。

沖縄県糸満市摩文仁の平和祈念公園内にある「島守の塔」の前に、短髪に白いワイシャツと黒ズボン姿で統一された若者たち十九人が集まった。案内する地元の人などを合わせると、総勢では三十人近くになるだろうか。

彼らは、沖縄でキャンプを張る東大野球部のバッテリーたちである。

本州では、北海道、東北、北信越など、まだ豪雪が大きなニュースになっているというのに、彼らの額には汗が光っている。この日の気温は、摂氏二十三度。東京なら夏も間近の六月の気温である。

東大野球部のバッテリー陣を中心に、暖かい沖縄でキャンプを張るようになったのは、平成二十七年からだ。今年で四年目になる。

東大野球部では、沖縄キャンプで欠かさない行事がこの「島守の塔」への参拝である。

この地で昭和二十年六月に消息を絶った野球部の大先輩、島田叡——。

後輩である東大野球部員たちは、今も「戦場の知事」「島守」として沖縄県民に慕われる島田先輩の行動と決断の意味を考え、偲《しの》ぶために、必ずここへやって来るのである。

朝八時に宿舎をバスで出発した一行は、まず島田たちが過ごした「轟《とどろき》の壕」に向かった。一人ひとりが懐中電灯を持って奥へと進み、そして、灯りを消す。真っ暗闇となった壕を、一瞬、静寂が支配した。

今年で沖縄キャンプが三回目となる、副将でキャッチャーの三鍋秀悟はこう語る。

「壕の中に入って、いったん灯りを消したときは、真っ暗闇でまったく何も見えず、音もなくて恐怖を感じました。その中で島田先輩が生活をしていたと思うと……。死ぬかもしれない状況で、勇敢に沖縄の知事になられて、最後まで県民のために力を尽くされ、今もこれだけ沖縄の方々に慕われている先輩がいるというのは、東大野球部の歴史を感じますし、誇りだと思います」

生と死の狭間で生きた先輩の足跡を辿ることは、後輩たちに何をもたらすものなのだろうか。

「困難なことに立ち向かう姿というか、沖縄の方々の命を一番に考えていたんだなというのを、すごく感じました。自分が島田さんの立場だったら、そういうことが果たしてできるのかどうか、流されてしまうのではないか、と感じます。こういう偉大な先輩がいることは、東大野球部の一員である以上、知っておかないといけないと思いますし、今後も語り継いでいかないといけないと思います」

轟の壕を出た一行は、摩文仁の島守の塔へ向かい、午前十時半に到着した。一行は、「東京大学」の文字が刻まれた野球ボールを島守の塔に供え、手を合わせた。

三鍋副将は何を祈ったのだろうか。

「島田さんが（摩文仁で）最後を過ごした壕のところに島守の塔は建っています。自分はキャッチャーというポジションなので、瞬時のことですが思い切った判断ができなければいけません。必ずそういう場面が来ると思うので、できるだけ迷わないようにできたらいいなと思います。（数多くの決断をした）島田さんを見習ってやっていきたいと思いました。自分は、島守の塔で手を合わせたときに、〝昨年はリーグ戦で勝ち点一を取れたので、今年はそれ以上の成績を出せるようにしたいと思います〟ということを心の中で言わせてもらいました」

選手たちを引率した中西正樹助監督は、参拝に深い意義を見出している。

「私は、参拝を通じて、（部員が）島田さんの本当にメンタル的なところまできちんと勉強をしていくきっかけになってくれれば、と思っています。それは、島田さんの〝覚悟〟

についてです。島田さんは、本当に生と死がどうにかなるという立場にいて、覚悟をもっていろいろな決断をされています。野球はスポーツなので、少なくとも命は奪われません。うちのピッチャーたちは、最後、打たれて、逆転されそうになったら、〝マウンドを降りたい〟とか、〝この場面、もう堪《た》えられない〟とか、そういう表情で助けを求めてベンチを見る選手がいる。そういうピッチャーは、何人いても意味がないんです。覚悟のあるピッチャーがひとりいればいいし、そういうピッチャーが欲しい。そのことを、島田さんを通して学んで欲しいと思っています」

中西は、毎年のように投手陣にこんな注文をつけているという。「野球でゲームの〝生き死に〟を決めるのはピッチャーだ。チームの生死を一手に握っているそのピッチャーが、覚悟もなく、決断もできないような人間のままでマウンドに上がるのは困る」と。

偉大なる島田先輩を知ることを通じて、中西助監督は、なんとか選手たちに「意識改革」を果たして欲しいのである。

「いろいろやった結果、うまくいかないことも、もちろんあるでしょう。しかし、途中で、〝ああ、僕じゃ力不足だった〟とか、〝怖いのでごめんなさい。僕、降ります〟みたいなのだけはやめて欲しいんですよ。少なくとも、そういう覚悟で練習をしてくれ、ということは伝えてあります」

昭和二十年に亡くなった島田は、東大野球部にとって〝過去の存在〟ではなくて、いまも生きた先輩であり、指導者なのかもしれない。

私は、すでに東大野球部の恒例の行事となっている部員によるこの「島守の塔」への参拝こそ、この部がいまも存続している理由を指し示すものだろうと思う。

世の中には、さまざまな組織がある。

利益を生むためにつくられた組織もあれば、公益に資することをおこなう目的でつくられた組織もあり、さらには同じ趣味を共有する人々が集まってつくられるサークルのような組織もある。

しかし、そんな数多くの組織の中でも、七十年、あるいは九十年といった気の遠くなるような「歳月」を遡《さかのぼ》ることができる組織はなかなかあるものではない。まして、その頃に世を去った人物を記憶にとどめようとしたり、あるいは、後世に残そうとしたりする組織は少ない。

島田が卒部したのは、大正十四年のことである。九十三年も前のことだ。

百年近い前の出来事は、当然、「歴史」である。しかし、組織によっては、その気の遠くなるような「時間」を超えて歴史を伝える力を持っているものがある。

東大野球部もそのひとつだ。

自らの使命と責任のために、そして、沖縄県民のために、命を捧げた先輩を今も語り継ぐ組織とは、いったい何なんだろうか。

既述のように、戦前に建てられた野球部寮の「一誠寮」の名を額に書いた初代部長の訓示と逸話が語り継がれ、現物は、いまも寮に飾られている。

人間自体は、毎年、数多く入れ替わっているのに、その組織が掲げる目標や悲願が、変わりなく引き継がれ、そのときどきの若者が情熱をもって、それに向かって邁進していく。

目標がたとえ実現不能であっても、それでも、この組織の「挑戦」は延々とつづくのである。理屈に合わないかもしれない目標に向かって、地を這うような努力をつづけている組織というのは数少ない。よくよく考えてみれば、いまの時代に、これほど不器用で、かつ、不合理な組織が、ほかにどれほどあるだろうか。

私は今回、そうした組織のひとつとして、東京大学野球部という存在を描かせてもらった。

「敗れても敗れても、それでも立ち向かうところが好き」

あるいは、

「いつかは勝つだろうと、そこに期待する。負けてもがんばれ、と逆に自分の人生を選手たちに励まされているような気がする……」

そんな根強いファンに支えられた奇妙な集団。負けて負けて、そして、さらに負けつづける集団――。

「あーあ」

「またか……」

点を取られても取られても、応援部も、観客も、絶対に挫けない。

悲壮な雰囲気の中で、応援部は声をからし続ける。彼らにとっては、「自分たちの応援が足らないから野球部が負けている」のである。「ひょっとしたら」の思いを胸に通い続けるファンも、時代を超えて絶えることがない。

東大野球部にとって、負けることは「あたりまえ」だ。しかし、たとえそうであっても、部員たちは、「次は勝つ」「いつか必ず優勝を」という思いを絶対に捨てないのである。

私は、検索すれば即座にあらゆることが把握できていくこの便利なインターネット時代に、これほどアナログで、これほど愚直な姿勢で、挑戦をつづける組織の貴重さを思う。

そして苦しくても、引き継がれる目標を弱音も吐かずに追い求め、歴史と伝統を継承しようとする精神を貴重だと思う。

天国にいる島田叡も、毎年、「東京大学」と刻印されたボールを持って、手を合わせに来てくれる後輩が、自分と同じように今も勝利を目指して精進していることに微笑んでいるに違いない。金銭的な見返りなど、なにもないにもかかわらず、そして、この気の遠くなるような長い歳月さえも、懸命に挑戦しつづけるその土壌と気迫を「消す」ことができないのである。

それこそが野球の「魅力」かもしれないし、先輩から後輩へ、またその後輩へと、継承されていく無形の財産の「価値」なのかもしれない。

平成三十一年、東大野球部は、いよいよ「創部百年」を迎える。

実に不思議なこの集団が辿った道を追った本書は、多くの協力者によって成り立っている。以下に挙げるどの方が欠けても本書は完成できなかった。そのことを思うと、こういう実録の読み物が成立することにも、今の時代には、それなりの意味があることかもしれない、と思う。

感謝の意味を込めて、ご協力いただいた方々のお名前を以下に挙げさせてもらいたい。

朝木秀樹　有井祐人　飯田裕太　市川武史　今久留主成幸　大串英樹　大越健介　大山雄司　岡村甫　笠倉玉渓　片桐弘之　加藤竜央　金子昌世　喜入友浩　楠田創　黒田陸離　小林至　佐伯要　篠原一郎　柴田叡宙　杉本真吾　鈴木基之　高橋秀明　高橋広　田口耕蔵　田宮克真　中川駿　中西正樹　西峯隆博　野口裕美　橋本正幸　初

馬眞人　浜田一志　平野裕一　馬見塚尚孝　丸谷栄治　三鍋秀悟　宮台康平　山田大成　山本克志　山本俊　（五十音順）

特に、現野球部監督の浜田一志氏、助監督の中西正樹氏のお二人のご協力なしには、本書は完成を見ることができなかった。心より御礼を申し上げたい。

なお、本書は、中央公論新社の黒田剛史氏（現・中央公論編集部）の多大なるご協力によって初めて形となったものである。長期にわたった取材期間の最後の五年間を伴走してもらったことに、ここに深く御礼申し上げる次第である。

そして、編集にあたっては、中央公論新社特別編集部の永井草二氏と中西恵子氏に大いに力を発揮していただいた。この場を借りて感謝申し上げたい。

今回も、ブックデザイナーの緒方修一氏には大変お世話になった。素晴らしい装幀をしていただいたことに御礼を申し上げる次第である。

なお、本文は原則として敬称を略させていただいたことを付記する。

門田隆将

平成三十年　球春

文庫版おわりに

東大野球部が優勝した時、日本の野球は変わる

これまで野球ノンフィクションを何冊も上梓している私にとって、本書は最初のアプローチがほかの作品とはまったく異なるものである。

通常、スポーツ・ノンフィクションは、アスリート、もしくはチームの「歩み」、あるいは焦点になる「場面」、または「試合」などがきっかけになって、それをもとにドラマを探り出していく経過を辿る。しかし、『敗れても　敗れても』は、それとはまったく異なるアプローチで書かれたものである。

「はじめに」でも触れさせていただいたように、本書は〈第一章　沖縄に散った英雄〉で取り上げた沖縄県の最後の官選知事である島田叡（享年四十三）の「人生」と「覚悟」を描くためにスタートした。

戦争ノンフィクションを数多く手がけている私にとって、島田知事の存在は大きく、長

い間、どうしても「描かなければならない存在」だったのだ。

沖縄への米軍の爆撃が苛烈さを増し、上陸が迫る昭和二十年初め、沖縄の知事を引き受けたのが島田だった。当時の知事は内務官僚が任命される、いわゆる「官選」である。

沖縄の知事を命じられれば「死ぬ」ことがわかっている。そんなところに、わざわざ行けるだろうか――内務官僚たちは、当然、これを断った。

だが島田は違った。

「私が断われば、誰かが代わりに行くことになる」

「〝死ぬための仕事〟を人に任せるわけにはいかない」

島田は、そう考えて自決用の青酸カリと日本刀を持って沖縄に赴任したのである。沖縄での壮烈な日々は、第一章に記したとおりである。

日頃、現代の日本の指導者、エリートの責任感や使命感に欠けた姿を論評している私には、島田の毅然とした人生をどうしても後世に伝えたかった。

エリート特有の驕《おご》りが、島田にはまるでなかった。自らの使命と役割に忠実で、淡々と責務を果たしていく、まさに「日本人、ここにあり」を示した人だった。

島田は東京帝大野球部の不動のトップバッターだ。東京六大学に加盟するために重要資料となったいくつかの試合で島田は獅子奮迅の活躍を見せている。ひたむきな態度と努力で、どの分野でも懸命に力を尽くした島田は、野球部にも、しっかりと足跡を残していた。私は、島田の取材から東大野球部という、スポーツ界で実に〝不思議な存在〟を描くことになっていく。

それは、この集団こそ、「日本野球の原点」だからである。二〇一九年に創部百年を迎えた同部は日本野球のルーツと呼ぶべき伝統を誇り、野球というスポーツの原点を追求してきた存在にほかならない。

力が劣るゆえに、他チームより工夫をし、考え、より努力をしなければならない。百年にわたってそのことを続けた東大野球部は、「野球とは何か」という根本と〝格闘〟してきた集団と言っていいだろう。

日本最古の野球部に語り伝えられているエピソードを辿っていく作業は、そのまま日本の野球史を繙《ひもと》くことだった。そして、なぜこのスポーツは、大の男がこれほどまでに苦悩し、魅せられるものなのかを解明するものでもあった。

私が本書の取材をしていた頃、やはり野球部は負け続けていた。

東京六大学のほかの五チームには「一勝」など、なにほどのこともない。しかし、東大野球部にとって「一勝」とは、とてつもない壁となっていた。

私が取材で驚いたのは、選手たちが語る「無念」について、である。早稲田や慶應、法政、明治、立教など、プロ予備軍ともいえるチームに「負けること」は不思議でも何でもない。いや、勝てないのがあたりまえだ。

しかし、目の前の部員やOBたちは、負けることを嘆き、「なぜ勝てないのか」、「勝つためにはどうしたらいいのか」を真剣に考え、悩み、そして「あと一歩だった勝利」に対する思いを私に熱く語ってくれた。

正直、呆然としながら、私は選手やOBたちの話を聞かせていただいた。そのなかでも、最も印象深いのは、東大野球部史上初めて、四年間で一度も勝利を得られず、八十連敗のまま卒業した部員の話である。

「今も〝魂〟が神宮球場から離れないんですよ」

私は、その言葉が忘れられない。

「一回でも勝てれば、〝一回しか勝てなかったけど、あれがやれてよかった〟という成功体験を、無理やりにでも見出せますが、僕たちにはそれが一切ない。過去に囚われたくはありませんが、どうしても負けつづけた過去というのが立ちはだかり、一生消えることのない過去として自分の前にありつづけている気がするんです。

八十回もやって勝てないというのは、もう悔しいというレベルではないですね。悔しさが積もりに積もって八十回。単純に八十回分積もっても、一回勝てばそれを吹き飛ばせるものだと信じていましたが、その吹き飛ばす機会を僕たちはもう得ることができません。だから、気持ちというか、〝魂〟が、神宮に取りついて離れられないんです」

スポーツの世界に限らず、力が劣る者がさまざまな要素を駆使しながら、より実力のある者に勝利し、信じられないような番狂わせを演じることがある。商品開発や営業実績、顧客獲得など、番狂わせは、実業界にも、受験の世界にも、はたまた学術の世界にも、どこにでも存在する。

どれだけ力の差が大きくても、番狂わせを決して諦めてはならないことを東大野球部は知っている。しかし、そのことが果たせなかった部員の無念を聞いた時、私の頭に『敗れても　敗れても』という本書のタイトルが浮かんだ。

諦めなければ〝何か〟が起こるかもしれないという野球の面白さと、それが実は滅多に起こるものではないという現実。東大野球部百年の歴史に最もふさわしい言葉は「無念」ではないか、と私は思った。

そのドラマを描いた本書が、強く大きな〝何か〟に立ち向かう時、読者の皆さんのお役に少しでも立つことができれば、これほど嬉しいことはない。

文庫版刊行にあたって、読売巨人軍投手チーフコーチの桑田真澄氏に、鋭く、同時に温かい解説文を頂戴することができた。

東大野球部のピッチングコーチを二年間務めた桑田氏が東大野球部の本質と私が何を描こうとしたかを、ここまで深く表現してくれていることに感激した。

実は、桑田氏がＰＬ学園の一年生ピッチャーとして初めて甲子園に登場し、そのまま全国制覇を成し遂げた昭和五十八年夏、私は甲子園を取材している。

池田高校の夏、春、夏の前人未到の三連覇がかかったあの異様な熱気に包まれた甲子園に背番号11をつけた一年生エース桑田投手はいた。

あの大会は、池田に水野雄仁《かつひと》（のち巨人）、興南に仲田幸司（のち阪神ほか）、中京に野中徹博（阪急ほか）、高知商に津野浩（日本ハムほか）、箕島に吉井理人《まさと》（近鉄ほか）……等々、のちにプロでも大活躍する高校球児がずらりと顔を揃えていた。

だが、それら強豪を退けて頂点に立ったのは、桑田・清原（和博）の一年生コンビを擁したＰＬ学園だったのである。高校野球史に残る無双の強さを発揮したＰＬの三年間が始まった年だった。

それから三十九年後に、まさか私自身の野球ノンフィクションの解説をその桑田氏に書いてもらえることになるなど、想像もできなかった。

桑田氏の解説の中に野球の父・飛田穂洲が唱えた「武士道野球」に触れたくだりがある。

飛田は、第一章で書いたように、東大が東京六大学の一員となることに、最も大きな役割を果たした人物である。

桑田氏は、〈飛田先生は東大野球の精神野球、武士道的野球を基本にしながら、「野球道」をつくっていったのです。「一球入魂」という言葉をつくった方でもあり、日本ではじめて監督という職に就いた方でもあります〉と書いている。

つまり、日本の野球道をつくった飛田の基本となったのは、「東大の精神野球」そして「武士道的野球」だったというのだ。そして、

〈戦時中に軍部や政府から敵国のスポーツだという理由で禁じられる危機に直面したとき、「強い兵隊を養成するためのスポーツ」という「武士道精神」を強調することで、野球を守ろうとしたのです。その史実を知ればこそ、野球道は時代に合わせたものに再定義していかなくてはいけないと考えています〉

私は、飛田穂洲が東大の加入に固執した一因に東大の精神野球があったかもしれないことに新鮮な驚きを覚えた。そして、〈野球道は時代に合わせたものに再定義していかなくてはいけない〉との桑田氏の提起に刮目《かつもく》させられた。

進化する野球は、投法も、球種も、打法も、スイングも……日々、姿を変えているのは周知のとおりである。新しい球種が生まれれば、それに対応して打ち方も変化しなければならない。常にそうして変化を遂げてきたのが、野球というスポーツである。

野球の技術をあそこまで極めた桑田氏が、「技術」ではなく、「野球道」そのものも〈時代に合わせたものに再定義〉する必要があることを記しているのである。そして、武士道精神にも言及した。

激動の現代の国際社会で、日本に最も必要なのは先人が育み、大切にしてきた「武士道精神」だと、私も思っている。そのことを最も強烈に私に伝えてくれたのは、台湾の故・李登輝元総統である（『愛する日本人へ　日本と台湾の梯となった巨人の遺言』門田隆将監修　宝島社参照）。

桑田氏の解説を読みながら、野球もまた、時代に合わせて成長していかなければならないことと、日本にとっては、武士道精神がその基本にあることを改めて教えてくれた桑田氏にこの場を借りて、心から御礼を申し上げたい。

文庫版刊行にあたって、単行本の時と同じく、中央公論新社の中西恵子氏、黒田剛史氏に大変お世話になった。御礼を申し上げる次第である。

なお、肩書や年齢など本文中の表記は、単行本出版時のままにさせていただいた。そのほうが、遥かに臨場感を楽しんでいただけるのではないかと思う。

最後に、四年間で十七勝を挙げ、のちに監督も務めた伝説の名投手・岡村甫氏の言葉（第三章）を再掲させていただきたい。

「いつ、いいピッチャーが入ってくるかわからない。しかし、十年待てばひとりぐらいは入ってくる。そのときに優勝しよう。それだけの守備力、攻撃力をつくりたいという形でやってきて、優勝がそこにあって、そこに対して毎年毎年、どうやって近づいていくかということが大事だと思っているんです。夢を掲げ続けることと、それを意識することを忘れてはいけない、と私は思います。私は常に夢想家ですから、夢を持ってやっていればいつかは叶う、と思っています」

とてつもなく素晴らしいピッチャーが入部してきたその時、どれだけの「守備力」と「攻撃力」を備えたチームが形づくられているか——たしかにそれができていたら、夢の実現はあり得るのではないか。

私は、いつか東大野球部が東京六大学の頂点に立つ日が来る、と信じている一人であることを告白して本書を終わりたい。それは日本の野球が根本から変わらざるを得ないほどの衝撃を、各界にもたらすだろうと思う。あらゆる意味の可能性が各界で「花開く」という意味である。私はそのことを考えると、抑えがたいほど胸が躍るのである。

門田隆将

令和四年　球春を前にして

解説

桑田真澄

本書『敗れても　敗れても』は野球ノンフィクションの名手・門田氏のこれまでの著作『甲子園への遺言――伝説の打撃コーチ高畠導宏の生涯』や『甲子園の奇跡――斎藤佑樹と早実百年物語』（ともに講談社文庫）とは異なり、トップクラスの選手たちがしのぎを削る華やかな物語ではありません。主人公は東京大学野球部。彼らのほとんどは厳しい受験戦争を勝ち抜いた一方で、高校まで高いレベルで野球に取り組んだ経験がありません。

そんな彼らが闘う舞台は、東京六大学野球。言うまでも無く数々のスタープレイヤーを生み出した日本最高峰の大学野球リーグです。同部出身者が証言するように「東京六大学というスター選手が揃う場で、ああいう連中と戦う経験は、誰も持っていない。こんなすごい相手と戦うのは、みんな野球人生で初めての経験になるわけです」（一八七頁）。

僕はこの東大野球部で二〇一三～一四年の二年間、特別コーチを務めました。本書の解説文を依頼されたのは、このキャリアゆえだろうと思いますので、この経緯を説明しながら本書の魅力をお伝えしたいと思います。

コーチを引き受けた理由は二つあります。一つは、東大の前身である旧制第一高等学校（東京帝国大学の予科）が日本におけるベースボール伝来の地であり、日本に根付いた「野球」の原点と言えるからです。同部が歴史と伝統を継承し続けることの素晴らしさについては、この解説文の後半であらためて考えてみたいと思います。

二つ目の理由は、学生野球、しかも日本でトップレベルの秀才たちが集まった東大でコーチを務めることに魅力を感じたからです。

僕が就任した当時、東大は四六連敗中でした。その頃、選手たちがもがき苦しんでいる様子が、第五章「連敗の苦悩」と第六章「執念の連敗脱出」を読みながら、ありありと思い出されました。中でも在学中のリーグ戦でついに一勝もできず、八十連敗で卒業した選手の「気持ちというか、〝魂〟がまだ神宮に取りついちゃっているような感じなんですね」（二八九頁）という言葉には胸が詰まらされます。

僕は彼らにまず「一勝」という勝利の味を味わってもらいたかった。ところが当時、彼らは「優勝」を目標に掲げていたので、「君たち、これは正しい目標なの？」「いや、やはり目標は優勝です」「本当にそう思っているの？」「……いや、難しいと思います」「大きな目標も大事だけど、小さな目標も大事だよ。まず一勝という目標が大事じゃないか。その前にまず五回までいい試合をすること。だから、ピッチャーはコントロールを磨いていこう。大量失点を防いで五回、七回まで二、三点で抑えれば、ワンチャンスで試合をひっくり返せるよ」というようなやり取りを重ねました。

　本書の中で僕が直接指導した選手が僕の言葉を暗唱してくれているように、「アウトローに投げれば、そんなにかっ飛ばせる打者はいないよ。でも、ここに投げるのは一番難しい。しかし、これができるようになれば、ほかのこともできるようになって、どんどん投球の幅が広がっていくよ」（二一〇頁）ということなのです。彼らはスピードを追求したがりましたが、ほとんどの投手は一二〇キロ台。「君たちは分析力があって、データを収集できるのだから、たとえばある打者はインコースに見せ球を投げた後、アウトローで空振りをする確率が高いということがわかったとします。そのとき必要なのはコントロールでしょう」と諭したものです。

　また、彼らはすごく真面目で、朝から晩まで練習しようとする選手ばかり。誰に聞いても「よそが二時間練習をしていたら、その五倍はやらなくちゃいけない」というのです。ところが、体力も技術も経験も他校が上なのに、五倍も練習をしたら体がボロボロになって余計に差が開きかねません。当時の浜田一志監督も熱血漢で「練習量が足りない」という考え方だったため、意見がぶつかったこともありました。それでも僕は「量より質でお願いします」と言い続けました。

彼らは勉強家ですから、「この練習はどうですか？　あの練習はどうですか？」とすごく調べてくる。それに対して僕は「選択と集中」をキーワードに、自分にとって何が必要なのかを選んで、効率的・合理的な練習の大切さを伝えました。

そうした悪戦苦闘の成果は、徐々に結果として現れてきました。コーチになった当初、いろいろデータを見せてもらったところ、初回から三点、五点取られてしまって、プレイボールから一〇分後にはもうはや〝ゲームセット〟という展開がほとんどでした。ところが、コントロールを意識して合理的な練習をし始めると、五回まで二対一、七回で三対二というような接戦にもつれこませるだけの力を発揮するようになったのです。〇対一で惜敗した試合は二年間で二試合ありました。その後、二〇一五年に連敗を九四で止めた試合の日は、イタリアに滞在していましたが、懇意にしていた報知新聞の記者からのメールで吉報を知り、ワインで歓喜の祝杯をあげました。

東大でのコーチ経験は、読売巨人軍で投手コーチを務めるに当たってもプラスに働いていると思います。指導者としての「引き出し」を東大野球部で増やすことができました。

変な言い方ですが、「どうしてこのレベルでもがいているのか」「なぜこんな動作を繰り返すのだろう?」と、不思議でした。僕の知らないレベルを目の当たりにしましたが、それがマイナスかというとそうではなく、プロの選手でも、「もっと工夫したらもっとうまくなるのに」というタイプに対しては、東大での学びを生かして指導しています。

　こうした僕の二年間のコーチ経験については、拙著『東大と野球部と私』（祥伝社、二〇一六年）にまとめています。本書『敗れても　敗れても』は九四連敗を止めた試合以降、悲願の「勝ち点1」（東京六大学野球は、一カード二連戦で二勝を先勝したチームが勝ち点1を得る仕組み）を一五年ぶりにあげた二〇一七年のシーズンを、門田氏が選手たちの中に入り込んで描いています。ちょうど僕の本の「後日譚」という関係です。

一五年ぶりに「勝ち点1」を挙げた時、最大の功労者は「現われた怪物」（第七章のタイトル）と門田氏が称賛する宮台康平投手です。私がコーチを務めていた当時、宮台君はまだ一年生で、とてもいいボールを投げていました。当時は、上体に頼った投げ方だったので、「下半身を使ったフォームにしないと、完投や連投は難しいよ」とアドバイスしたのです。宮台君は四年生になる直前に肩の怪我をしてしまい、そこから投球フォームの改善とリハビリに取り組む様子が本書で詳しく描かれています。宮台君の治療をしたのは、僕も知己のスポーツ医学の専門ドクター・馬見塚尚孝医師でした。馬見塚医師の指導する科学的・合理的で怪我をしない投げ方というのは大切な視点です。僕も座学の場で、「体調管理をしっかり行い、常にベストコンディションを保つ」「怪我・故障予防のために、効率的・合理的なフォームを身につける」という二点について繰り返し伝えていました。これは、弱者が強者に立ち向かう際の最低限の条件だからです。

さて、本書は近年の連敗脱出劇を描いただけではありません。もう一つの魅力は、サブタイトルの通り「『百年』の奮戦」の歴史を掘り起こしたところにあります。門田氏は、東大野球部がいくら負け続けても、伝統、文化が継承されていくことの大切さを本書の最大のテーマとしているように思いますが、日本野球の生みの親たる旧制一高（第二章）、沖縄県の戦前最後の知事・島田叡知事（第一章）、「伝説の最多勝投手」岡村甫投手（第三章）、赤門旋風（第四章）、（僕も知己がありますが）現在、「報道ステーション」でキャスターを務める大越健介投手（第五章）など次々とひもとかれる歴史に、伝統の重みを実感させられます。

冒頭で触れたように、僕がコーチを引き受けた理由のひとつは、東大が日本で最も歴史のある野球チームだったからです。実際、コーチを務めてみて同部には、一高以来の伝統が間違いなく脈々と受け継がれているのを感じました。先輩後輩の理不尽な上下関係がないところや、文武両道の精神など、良き伝統が継承されていました。

特筆すべきは、門田氏が「あとがき」で描くように、同部は沖縄キャンプの際に「島守の塔」に参拝する習慣があることです。この塔は同部出身で、戦前最後の沖縄県知事として、多くの島民の命を救い、今も敬愛されている島田叡氏を筆頭に沖縄を守った人々を祀ったものです。現在の選手たちが、こうした先達の「心」を受け継ぎ、同部の伝統や文化を大切にしているのは、「心の野球」を大事にする僕から見ると、とてもすばらしいことです。

ここでもう一つ大事なことは、伝統というものは時代にあわせて継承すべきだということです。メディア環境ひとつとっても、スマホでSNSに慣れ親しむ今の選手たちを見ていると、高校時代に携帯電話がなかった僕の世代からすると隔世の感があります。良き伝統、良き文化というのは、時代に合わせて継承していくことが大事です。

ここで思い起こされるのは、「野球道」を唱えた飛田穂洲先生のことです。僕は早稲田大学大学院で学び、「『野球道』の再定義による日本野球界のさらなる発展策に関する研究」という修士論文を執筆しました。飛田先生は東大野球の精神野球、武士道的野球を基本にしながら、「野球道」をつくっていったのです。「一球入魂」という言葉をつくった方でもあり、日本ではじめて監督という職に就いた方でもあります。この野球道について、僕は研究するまでよくわかっていなかったのですが、戦時中に軍部や政府から敵国のスポーツだという理由で禁じられる危機に直面したとき、「強い兵隊を養成するためのスポーツ」という「武士道精神」を強調することで、野球を守ろうとしたのです。その史実を知ればこそ、野球道は時代に合わせたものに再定義していかなくてはいけないと考えています。

飛田先生には、数々の語録があります。「先輩は後輩を思いやり、後輩は先輩を敬う」「ユニフォームやスパイクの手入れなど自分の身の回りのことは自分でしなさい」「練習はだらだらやってはいけない」「学校ではしっかり勉強をして、模範となる生徒にならなければ本当の野球選手とはいえない」等々。今の時代にも通じるすばらしい言葉をたくさん残しています。

さて、その飛田先生は東大が五大学連盟への加入を熱望していた際に、その実力ゆえ反対論がある中にあって、加盟に賛成の声をあげた一人です（二八頁）。野球の黎明期には「無敵を誇った一高野球」（七二頁）でしたが、私学のレベルアップにより大正十二年から十三年頃には、東大野球部に連盟加入の資格ありやなしやが問われる状況に陥っていたのです。おそらく飛田先生は、日本の野球界をリードしてきたのは東大であり、東大抜きの六大学野球はありえないという思いがあったのだと想像されます。

東大野球部は今でも連敗が続くと、六大学野球に所属する意義が問われるようですが、プロ野球を含め、今われわれ野球界があるのは、やはり東大野球部のおかげです。

幸い、僕は歴史と伝統のある読売巨人軍やＰＬ学園でプレーすることができました。ＰＬ学園の校歌には「永遠《とわ》の学園」というフレーズがあります。文字通り永遠に続くものだと思っていましたけれども、一九五六年創部の伝統が二〇一六年に途絶えてしまいました。僕はＰＬ学園野球部ＯＢ会会長として、学園側との話し合いもしていますが、やはり組織を維持していく大変さを痛感しています。

東大のように長く、それこそ「永遠に」伝統が引き継がれていくことを、うらやましく思いますし、すごいことだとあらためて敬服しています。

今も六大学野球のシーズンになると、東大野球部が気になって仕方がありません。新聞を見ては「よく六回まで粘ったな。惜しかったな」と陰ながら応援しています。このように「東大愛」をもつ僕は、文庫化にあたり本書がまた新たに多くの読者と出会うことを祈っています。

（読売巨人軍投手チーフコーチ、元東京大学野球部特別コーチ）

参考文献

『東京大学野球部史』（東京大学野球部　昭和五十年十一月発行）

『東京大学野球部90年史』（東京大学野球部　平成二十二年三月発行）

『東京大学野球部　Ｓｉｎｃｅ１９１９』（ベースボール・マガジン社）

「東京大学野球部ＨＰ」

『師と友』（全国師友協会　昭和四十年九月発行）

『消えた沖縄県』（浦崎純　沖縄時事出版社）

『沖縄かく戦えり　二十万戦没者の慟哭』（浦崎純　徳間書店）

『季刊　道』（平成二十四年秋号　№１７４　どう出版）

『葉隠　上・中・下』（田代陣基　山本常朝　岩波文庫）

『西郷南洲遺訓講話』（西郷隆盛　雑賀鹿野　頭山満　至言社）

『元禄快挙録　上・中・下』（福本日南　岩波文庫）

『沖縄の島守　島田叡――親しきものの追憶から』（島田叡氏事跡顕彰会）

「最後の沖縄縣知事　人間・島田叡氏の追憶」（中野好夫　『別冊文藝春秋』昭和三十一年発行）

『秘録　沖縄戦記』（山川泰邦　読売新聞社）

『沖縄の島守　内務官僚かく戦えり』（田村洋三　中央公論新社）

『明治五年のプレーボール　初めて日本に野球を伝えた男 ウィルソン』(佐山和夫　日本放送出版協会)
『野球百年』(大和球士　時事通信社)
『向陵誌』(第一高等学校寄宿寮編集兼発行　非売品)
『第一高等学校野球部記録』(第一高等学校野球部編　第一高等学校野球部)
『六大学野球全集(全三冊)上巻』(庄野義信編著　改造社)
『読売新聞』(昭和二十年五月二十二日付)
『週刊ベースボール』(昭和三十五年五月十八日増大号)
『東大野球部と私—神宮での球跡—』(岡村甫　高知工科大学出版会)
『野球年鑑　昭和28—45年度』(東京六大学野球連盟　非売品)
『明治大学野球部史　第2巻』(駿台倶楽部明治大学野球部史編集委員会編　駿台倶楽部)
『日刊スポーツ』(昭和三十五年四月二十四日付)
『週刊ベースボール9月19日号増刊　'81大学野球秋季リーグ戦展望号』(ベースボール・マガジン社)
『大学野球熱闘史　第4号』(ベースボール・マガジン社)
『朝日新聞』(昭和五十六年五月十日、十二日付)
『スポーツニッポン』(昭和五十六年五月十四日付)
『サンケイスポーツ』(平成二十八年四月十六日、平成二十九年十月八日付)
『日刊スポーツ』(平成二十八年四月十六日、七月十六日付)
『産経新聞』(オンライン版　平成二十八年七月二十三日付)
「東大新聞オンライン」

打者記録

	氏名	卒年	記録	年季	備考
首位打者	三嶋 東作	S5	.344	S3 秋	
	広岡 知男	S7	.455	S6 秋	
	野村 正守	S14	.382	S12 春	
	柿埜 龍平	S29	.471	S28 春	
	遠藤 昭夫	S51	.375	S49 春	
	立迫 浩一	S60	.409	S59 秋	
	間宮 敦	H8	.419	H7 春	
通算最多本塁打	下嶋 忍	S57	6本	S53～56	
	草刈 伸之	S61		S57～60	
シーズン最多本塁打	浜田 一志	S62	3本	S60春	
	楠田 創	H30		H29秋	
1試合最多本塁打	東 武雄	S4	2本	T15春	対立大1回戦
	浜田 一志	S62		S60春	対立大2回戦
	青野 滋	H3		H2秋	対明大1回戦
通算最多安打	下嶋 忍	S57	70本	S53～56	
シーズン最多安打	遠藤 昭夫	S51	18本	S49春	
	立迫 浩一	S60		S59秋	
	間宮 敦	H8		H7春	
1試合最多安打	立迫 浩一	S60	5本	S59秋	対早大1回戦
	荻田 圭	H19		H18春	対立大2回戦
	下雅意 拓哉	H29		H28秋	対立大1回戦
通算最多打点	井波 義二	S24	28打点	S20～23	
	伊藤 驍	S25		S21～24	
シーズン最多打点	井波 義二	S24	11打点	S21秋	
1試合最多打点	井波 義二	S24	6打点	S22秋	対明大1回戦
	朝木 秀樹	S60		S59春	対法大2回戦

東京六大学野球リーグ戦：東京大学選手個人記録

投手記録

	氏名	卒年	記録	年季	備考
ノーヒット・ノーラン	東 武雄	S4		S2春	対立大2回戦、三振2、四球3
通算最多勝利	岡村 甫	S36	17勝	S32～35	
シーズン最多勝利	大山 雄司	S57	5勝	S56春	
通算最優秀防御率	岡村 甫	S36	2.90	S32～35	
シーズン最優秀防御率	原田 靖男	S33	1.35	S32秋	
通算最多奪三振	橘谷 健	S44	153個	S40～43	
シーズン最多奪三振	橘谷 健	S44	46個	S43春	
1試合最多奪三振	宮台 康平	H30	13個	H28春	対早大1回戦

走塁記録

	氏名	卒年	記録	年季	備考
通算最多盗塁	濤岡 賢	H7	31個	H3~6	
シーズン最多盗塁	石井 清	S57	9個	S55秋	
1試合最多盗塁	海老坂 武	S33	4個	S32春	対明大2回戦

記録は、東京六大学野球リーグ戦におけるチーム戦績
通算 255勝 1688敗 59分　勝率 .131（2021年秋まで）

勝	敗	分	勝点	トピックス
				第一大学第一番中学校において、米国人教師ホーレス・ウィルソンが野球を伝える
				第一高等中学校ベーすぼーる部創設
				インブリー事件
				日本初の国際試合、横浜外人クラブ戦で勝利
				東京帝国大学野球部として発足（長与又郎部長）
				島田叡入部
				当時の東京五大学野球連盟に加盟、東京六大学野球連盟が発足
5	7	2	2	
0	10	0	0	
2	10	1	0	
3	6	0	1	早大アメリカ遠征のため不参加 東武雄投手対立大2回戦でノーヒット・ノーランを達成
4	7	2	2	
2	6	0	1	慶大アメリカ遠征のため不参加
3	8	0	1	三嶋東作外野手首位打者
0	8	0	0	明大アメリカ遠征のため不参加
2	10	0	0	
3	9	0	1	
4	7	0	2	
0	6	0	0	法大アメリカ遠征のため不参加 明大八十川ボーク事件のため途中辞退
4	9	0	1	広岡知男捕手・外野手首位打者

東京大学野球部　関連年表

年		監督	助監督	主将	季	順位
1872	明治5					
1886	明治19					
1890	明治23					
1896	明治29					
1919	大正8					
1922	大正11					
1925	大正14					
		芦田 公平		山本 久繁	秋	4
1926	大正15 昭和元	芦田 公平		清水 健太郎	春	6
					秋	6
1927	昭和2	芦田 公平		東 武雄	春	4
				土井 賢一	秋	4
1928	昭和3	芦田 公平		土井 賢一	春	4
					秋	5
1929	昭和4	芦田 公平		野本 進	春	5
		東 武雄			秋	6
1930	昭和5	(不在)		小林 悟一	春	5
		(不在)			秋	4
1931	昭和6	(不在)		広岡 知男	春	4
		(不在)			秋	5

勝	敗	分	勝点	トピックス
3	6	0	1	
2	9	0	1	
2	13	0	0	通年で1シーズン (春2試合、秋1試合)
3	12	0	1	通年で1シーズン (春2試合、秋1試合)
1	9	0	—	この年より1勝1敗でも決勝戦を行わず勝率で順位を決定 (～1942、1947)
1	8	1	—	
1	6	1	—	早大アメリカ遠征のため不参加
2	7	1	—	
				東大球場、一誠寮完成
0	10	0	—	野村正守一塁手首位打者
1	9	0	—	
1	9	0	—	
1	7	2	—	
3	4	3	—	
0	7	3	—	
1	9	0	—	
2	3	0	—	1回戦制
0	10	0	—	
0	5	0	—	1回戦制
1	9	0	—	
1	4	0	—	1回戦制
				東京六大学野球連盟解散、東大野球部活動休止。神宮外苑競技場で学徒出陣壮行式

年		監督	助監督	主将	季	順位
1932	昭和7	(不在)		高橋 一	春	3
		(不在)			秋	5
1933	昭和8	(不在)		中村 敬一		6
		(不在)				
1934	昭和9	(不在)		池田 芳蔵		6
		(不在)				
1935	昭和10	(不在)		篠原 文吉	春	6
		(不在)		高橋 正二	秋	6
1936	昭和11	(不在)		池田 伍六	春	5
		(不在)			秋	6
1937	昭和12					
		(不在)		緑川 大二郎	春	6
		(不在)			秋	6
1938	昭和13	(不在)		今中 加奈夫	春	6
		(不在)			秋	6
1939	昭和14	小宮 一夫		太田 勝啓	春	5
					秋	6
1940	昭和15	小宮 一夫		山本 和三郎	春	6
				飛田 忠英	秋	4
1941	昭和16	小宮 一夫		飛田 忠英	春	6
					秋	6
1942	昭和17	小宮 一夫		岡本 和七郎	春	6
				豊川 恭三	秋	6
1943	昭和18					

勝	敗	分	勝点	トピックス
				東京六大学野球連盟復活
4	1	0	—	1回戦制 史上最高順位
4	7	0	2	
4	6	0	—	
2	7	1	—	
1	10	0	0	
3	10	2	0	
5	7	0	2	
4	7	0	2	
0	10	0	0	
1	10	0	0	
2	10	0	0	
2	10	0	0	
3	10	0	0	
1	10	0	0	
2	9	0	1	
0	10	0	0	柿埜龍平一塁手首位打者
0	10	1	0	
0	10	1	0	
0	10	0	0	
1	10	0	0	千野敬二三塁手ベストナイン
0	10	0	0	
3	10	1	0	吉田治雄投手敢闘賞
2	9	0	1	
1	10	0	0	

年		監督	助監督	主将	季	順位
1946	昭和21	佐藤 剛彦		山崎 諭	春	2
					秋	4
1947	昭和22	佐藤 剛彦		山崎 喜暉	春	4
		津田 収		細谷 好甫	秋	5
1948	昭和23	津田 収		井波 義二	春	6
					秋	6
1949	昭和24	津田 収		伊藤 驍	春	5
					秋	5
1950	昭和25	津田 収		後藤 完自	春	6
		片桐 勝司			秋	6
1951	昭和26	片桐 勝司		則武 忠雄	春	6
				岡部 進	秋	6
1952	昭和27	神田 順治		蒲池 信二	春	6
					秋	6
1953	昭和28	神田 順治		大坪 裕	春	6
					秋	6
1954	昭和29	竹田 晃		脇村 春夫	春	6
					秋	6
1955	昭和30	竹田 晃		千野 敬二	春	6
		神田 順治			秋	6
1956	昭和31	神田 順治		南原 晃	春	6
					秋	6
1957	昭和32	神田 順治		原田 靖男	春	5
					秋	6

勝	敗	分	勝点	トピックス
3	8	0	1	
5	9	2	1	
2	10	0	0	
2	10	1	0	
3	9	0	1	
3	8	2	1	
0	10	0	0	
2	10	0	0	佐藤健一塁手ベストナイン
3	10	0	0	杉山守久外野手ベストナイン
0	10	0	0	杉山守久外野手ベストナイン
0	10	2	0	
1	10	1	0	
2	10	1	0	
0	10	0	0	
				一誠寮建て替え工事竣工、現在と同じ建物が完成
3	8	0	1	
0	10	0	0	井手峻投手敢闘賞
				新治伸治投手、大洋に入団
2	9	1	1	
1	10	0	0	
				井手峻投手、中日に入団
0	10	0	0	
1	10	0	0	
2	8	0	1	
0	10	0	0	

年		監督	助監督	主将	季	順位
1958	昭和33	渡辺 融		鈴木 武春	春	6
					秋	6
1959	昭和34	渡辺 融		渡辺 克己	春	6
					秋	6
1960	昭和35	渡辺 融		片桐 弘之	春	6
					秋	5
1961	昭和36	渡辺 融		伊能 譲	春	6
					秋	6
1962	昭和37	渡辺 融		佐藤 健	春	6
					秋	6
1963	昭和38	清水 健太郎	岡村 甫	杉山 守久	春	6
					秋	6
1964	昭和39	清水 健太郎	岡村 甫	広瀬 紀男	春	6
					秋	6
1965	昭和40					
		清水 健太郎		川上 寛	春	6
					秋	6
1966	昭和41	坪井 忠郎		片山 直久	春	5
					秋	6
1967	昭和42	坪井 忠郎		鈴木 東剛	春	6
					秋	6
1968	昭和43	坪井 忠郎		小笠原 文也	春	6
					秋	6

勝	敗	分	勝点	トピックス
0	10	0	0	
4	8	0	1	早川昌保捕手ベストナイン
1	10	0	0	
0	10	0	0	
0	10	0	0	
1	10	0	0	
0	10	0	0	
0	10	0	0	
3	9	0	1	相川陽史三塁手ベストナイン
4	8	0	1	
2	10	1	0	遠藤昭夫三塁手首位打者、ベストナイン
1	10	0	0	
1	10	0	0	
3	8	0	1	伊藤仁二塁手ベストナイン
0	10	1	0	
2	8	0	1	
4	6	0	2	
2	8	0	1	中沢文哉外野手ベストナイン
0	10	0	0	
0	10	0	0	
0	10	1	0	
1	10	1	0	
2	8	1	1	
1	10	2	0	
6	7	1	2	赤門旋風 相賀英夫二塁手ベストナイン
3	9	1	1	

年		監督	助監督	主将	季	順位
1969	昭和44	坪井 忠郎	小笠原 文也	小林 茂雄	春	6
			大石 長造		秋	5
1970	昭和45	坪井 忠郎	大石 長造	佐藤 郁夫	春	6
					秋	6
1971	昭和46	坪井 忠郎	大石 長造	国本 裕	春	6
			門松 武		秋	6
1972	昭和47	岡村 甫	門松 武	国分 秀昭	春	6
					秋	6
1973	昭和48	岡村 甫		土井 研児	春	6
					秋	6
1974	昭和49	岡田 彬	大沼 徹	河野 敏章	春	6
					秋	6
1975	昭和50	岡田 彬		渋沢 稔	春	6
			石上 晴康		秋	5
1976	昭和51	小笠原 文也	大沼 徹	高橋 春樹	春	6
					秋	5
1977	昭和52	小笠原 文也	森 幸博	伊藤 仁	春	4
					秋	5
1978	昭和53	渡辺 融	萩原 由久	野村 雅道	春	6
					秋	6
1979	昭和54	大沼 徹	平野 裕一	中野 裕三郎	春	6
					秋	6
1980	昭和55	大沼 徹	平野 裕一	安達 雅彦	春	6
					秋	6
1981	昭和56	平野 裕一	福山 純一郎	大久保 裕	春	4
					秋	6

勝	敗	分	勝点	トピックス
1	10	0	0	八重樫永規二塁手ベストナイン
3	8	0	1	
				東大球場全面人工芝化
2	9	2	1	大越健介投手大学日本代表選出
3	8	0	1	
4	8	0	1	
2	9	0	1	立迫浩一選手首位打者・ベストナイン
1	10	0	0	
3	8	0	1	
0	10	0	0	対立大一回戦で通算1000敗
0	10	0	0	
0	10	0	0	
1	10	0	0	
0	10	0	0	
0	10	0	0	
0	10	0	0	
0	10	0	0	
0	10	0	0	開幕立大戦で51連敗＆65イニング連続無得点の新記録
0	10	0	0	70連敗でシーズン終了 青野滋外野手ベストナイン
1	10	0	0	開幕立大戦でリーグ戦通算200勝達成
1	10	0	0	
0	10	0	0	
1	10	0	0	
				小林至投手、ロッテに入団

年		監督	助監督	主将	季	順位
1982	昭和57	平野 裕一	増山 剛	前田 卓郎	春	6
					秋	5
1983	昭和58	伊藤 仁	三角 裕	辻 克巳	春	6
					秋	5
1984	昭和59	伊藤 仁		八重樫 永規	春	5
					秋	6
1985	昭和60	中沢 文哉		草刈 伸之	春	6
			池田 東一郎		秋	5
1986	昭和61	中沢 文哉	川幡 卓也	浜田 一志	春	6
					秋	6
1987	昭和62	河野 敏章	柏崎 弘治	伊藤 豊	春	6
					秋	6
1988	昭和63	河野 敏章		水谷 泰	春	6
			伊藤 豊		秋	6
1989	昭和64 平成元	坂本 二朗	及川 研	町永 智丈	春	6
					秋	6
1990	平成2	坂本 二朗	及川 研	小林 実	春	6
					秋	6
1991	平成3	平野 裕一	速水 隆	藤澤 章雄	春	6
					秋	6
1992	平成4	平野 裕一	速水 隆	今西 信隆	春	6
					秋	6

勝	敗	分	勝点	トピックス
1	10	0	0	石田和之二塁手ベストナイン
2	9	0	1	
4	9	0	1	17季ぶりの単独最下位脱出
4	9	0	1	
2	9	0	1	間宮敦外野手首位打者・ベストナイン 東大の戦後最高チーム打率記録更新 .253
1	10	0	0	
0	10	0	0	
3	8	0	1	
2	8	0	1	
2	9	0	1	
1	10	1	0	須貝謙司遊撃手ベストナイン
2	9	0	1	
2	10	0	0	
0	10	0	0	
				遠藤良平投手、日本ハムに入団
1	10	0	0	
0	10	0	0	
0	10	0	0	
1	10	0	0	越智啓一朗遊撃手ベストナイン
0	10	0	0	
2	9	0	1	入山聡三塁手ベストナイン
0	10	0	0	杉岡泰二塁手ベストナイン
1	10	0	0	
3	10	0	0	
2	10	0	0	太田鉄也外野手ベストナイン
				松家卓弘投手、横浜に入団

年		監督	助監督	主将	季	順位
1993	平成5	平野 裕一		肥田 雅和	春	6
					秋	6
1994	平成6	平野 裕一	東海林 和志	濤岡 賢	春	5
					秋	5
1995	平成7	平野 裕一	石田 和之	間宮 敦	春	5
					秋	6
1996	平成8	平野 裕一	石田 和之	小原 千尚	春	6
					秋	5
1997	平成9	三角 裕	石田 和之	丸山 剛志	春	6
					秋	5
1998	平成10	三角 裕	石田 和之	萩原 利幸	春	6
					秋	6
1999	平成11	三角 裕	石田 和之	丹羽 大二	春	6
					秋	6
2000	平成12	三角 裕	村田 正洋	酒井 利幸	春	6
					秋	6
2001	平成13	三角 裕	村田 正洋	山口 直也	春	6
				井出 庸生	秋	6
2002	平成14	三角 裕	村田 正洋	長嶋 亮	春	6
					秋	6
2003	平成15	三角 裕	村田 正洋	河原 一有	春	6
					秋	6
2004	平成16	三角 裕	真鍋 邦大	杉岡 泰	春	6
					秋	6

勝	敗	分	勝点	トピックス
1	10	0	0	
1	10	0	0	
0	10	0	0	
0	10	0	0	
0	10	1	0	
1	10	0	0	
0	10	0	0	
2	10	1	0	
0	10	0	0	
0	10	0	0	
				東大球場が国の有形登録文化財に指定される
0	10	0	0	
1	10	0	0	
0	10	1	0	
0	10	0	0	
				東大球場の人工芝の全面貼り替えを行う
0	10	0	0	
0	10	1	0	
0	10	0	0	
0	10	0	0	
0	10	0	0	
0	10	0	0	
1	10	0	0	史上最多連敗を94で止める
1	10	0	0	

年		監督	助監督	主将	季	順位
2005	平成17	大沼 徹	中西 正樹	北野 和彦	春	6
					秋	6
2006	平成18	大沼 徹	中西 正樹	升岡 大輔	春	6
					秋	6
2007	平成19	中西 正樹		山田 聡	春	6
					秋	6
2008	平成20	中西 正樹		井尻 哲也	春	6
					秋	6
2009	平成21	中西 正樹	黒岩 耕平	髙橋 雄康	春	6
					秋	6
2010	平成22	御手洗 健治		前田 善博	春	6
					秋	6
2011	平成23	御手洗 健治		岩﨑 脩平	春	6
					秋	6
2012	平成24	御手洗 健治	黒岩 耕平	永井 兼	春	6
					秋	6
2013	平成25	浜田 一志	黒岩 耕平	黒沢 俊哉	春	6
					秋	6
2014	平成26	浜田 一志	岩﨑 総一郎	有井 祐人	春	6
					秋	6
2015	平成27	浜田 一志	中西 正樹	飯田 裕太	春	6
					秋	6

勝	敗	分	勝点	トピックス
3	10	0	0	桐生祥汰二塁手ベストナイン 宮台康平投手大学日本代表選出
1	10	0	0	対立大1回戦で通算250勝達成
0	10	0	0	
3	8	0	1	15年ぶりの勝ち点獲得。早大と同率5位 楠田創外野手ベストナイン
				宮台康平投手、日本ハムに入団
0	10	0	0	
0	10	1	0	
0	10	0	0	創部百年
0	10	0	0	
0	5	0	0	新型コロナウイルス感染症拡大の影響で 8月に各校5試合勝率制で開催
0	9	1	0.5	新型コロナウイルス感染症拡大の影響で 各校10試合勝点制（ポイント制）で開催
1	8	1	1.5	新型コロナウイルス感染症拡大の影響で 各校10試合勝点制（ポイント制）で開催
1	8	1	1.5	新型コロナウイルス感染症拡大の影響で 各校10試合勝点制（ポイント制）で開催
255	1688	59		

※東京大学野球部ホームページ等をもとに作成

年		監督	助監督	主将	季	順位
2016	平成28	浜田 一志	中西 正樹	山本 克志	春	6
					秋	6
2017	平成29	浜田 一志	中西 正樹	山田 大成	春	6
					秋	5
2018	平成30	浜田 一志	中西 正樹	宇佐美 舜也	春	6
					秋	6
2019	平成31 令和元	浜田 一志	中西 正樹	辻居 新平	春	6
					秋	6
2020	令和2	井手 峻	大久保 裕	笠原 健吾	春	6
					秋	6
2021	令和3	井手 峻	大久保 裕	大音 周平	春	6
					秋	6
リーグ戦通算						

写真提供一覧

第一章　時事通信社、一般財団法人「島守の会」提供

第二章　公益財団法人　野球殿堂博物館

第三章　『東京大学野球部90年史』

第四章　篠原一郎氏蔵

第五章　時事通信社

第七章　時事通信社

本書は二〇一八年五月に刊行された『敗れても敗れても』（中央公論新社刊行）を文庫化した。

中公文庫

敗《やぶ》れても　敗《やぶ》れても
――東大《とうだい》野《や》球《きゅう》部《ぶ》「百年《ひゃくねん》」の奮戦《ふんせん》

2022年5月25日　初版発行

著　者　門《かど》田《た》隆将《りゅうしょう》

発行者　松田陽三

発行所　中央公論新社
〒100-8152　東京都千代田区大手町1-7-1
電話　販売 03-5299-1730　編集 03-5299-1890
URL https://www.chuko.co.jp/

印　刷　三晃印刷
製　本　小泉製本

Published by CHUOKORON-SHINSHA, INC.
Printed in Japan　ISBN978-4-12-207206-0 C1175

各書目の下段の数字はISBNコードです。978－4－12が省略してあります。

中公文庫既刊より

た-73-1　沖縄の島守　内務官僚かく戦えり　田村洋三

四人に一人が死んだ沖縄戦。県民の犠牲を最小限に止めるべく命がけで戦い殉職し、今もなお「島守の神」として尊敬される二人の官僚がいた。〈解説〉湯川　豊

204714-3

や-59-1　沖縄決戦　高級参謀の手記　八原博通

戦没者は軍人・民間人合わせて約20万人。壮絶な沖縄戦の全貌を、第三十二軍司令部唯一の生き残りである著者が余さず綴った渾身の記録。〈解説〉戸部良一

206118-7

し-10-5　新編　特攻体験と戦後　島尾敏雄／吉田　満

戦艦大和からの生還、震洋特攻隊隊長という極限の実体験とそれぞれの思いを二人の作家が語り合う。関連するエッセイを加えた新編増補版。〈解説〉加藤典洋

205984-9

お-2-13　レイテ戦記（一）　大岡昇平

太平洋戦争の天王山・レイテ島での死闘を再現した戦記文学の金字塔。巻末に講演「『レイテ戦記』の意図」を付す。毎日芸術賞受賞。〈解説〉大江健三郎

206576-5

お-2-14　レイテ戦記（二）　大岡昇平

リモン峠で戦った第一師団の歩兵は、日本の歴史自身と戦っていたのである——インタビュー「『レイテ戦記』を語る」を収録。〈解説〉加賀乙彦

206580-2

お-2-15　レイテ戦記（三）　大岡昇平

マッカーサー大将がレイテ戦終結を宣言後も、徹底抗戦を続ける日本軍。大西巨人との対談「戦争・文学・人間」を巻末に新収録。〈解説〉菅野昭正

206595-6

お-2-16　レイテ戦記（四）　大岡昇平

太平洋戦争最悪の戦場を鎮魂の祈りを込め描く著者渾身の巨篇。巻末に「連載後記」、エッセイ「『レイテ戦記』を直す」を新たに付す。〈解説〉加藤陽子

206610-6